本書影印底本由日本早稻田大學圖書館收藏

中國典籍日本注釋叢書・論語卷

張培華 編

[日] 松平賴寬 撰

論語徵集覽

上

上海古籍出版社

圖書在版編目（CIP）數據

中國典籍日本注釋叢書．論語卷／張培華編．
（日）松平賴寬等撰．—上海：上海古籍出版社，2021.5
ISBN 978－7－5325－9946－2

Ⅰ．①中…　Ⅱ．①張…　②松…　Ⅲ．①古籍—注釋—中國②《論語》—注釋　Ⅳ．①Z422　②B222.22

中國版本圖書館CIP數據核字（2021）第066918號

中國典籍日本注釋叢書·論語卷

（全七册）

張培華　編

［日］松平賴寬　等撰

上海古籍出版社出版發行

（上海瑞金二路272號　郵政編碼200020）

（1）網址：www.guji.com.cn

（2）E-mail：guji1@guji.com.cn

（3）易文網網址：www.ewen.co

上海世紀嘉晉數字信息技術有限公司印刷

開本890×1240　1/32　印張106.75　插頁35

2021年5月第1版　2021年5月第1次印刷

ISBN 978－7－5325－9946－2

B·1203　定價：530.00元

序

『論語』は、『千字文』と並んで、日本に最初に入ってきた漢籍の一つと伝えられるほど、なじみ深い典籍である。

古来、日本人が学んできた漢籍には、ほかに『孝経』や『蒙求』『三字経』などがあり、幼少期の学童に教えられるべき幼学書として、近代以前は長い受容されてきた。しかし、これらは今ではすっかり忘れ去られて、眼にふれることも稀になってしまった。むしろ最も馴染みのある漢籍といえば『論語』が代表的となっている。

現代の日本で、『論語』がいかに親しまれているか、示してみよう。例えば、学校では小学校や中学校の教科書に採り上げられている。また、ビジネス書をはじめ、『論語』の小説も少なからず出ている。漫画の『論語』も多くあり、孔子の伝記とあわせると、その数は膨大といってよかろう。

『論語』の注釈の中で最も有名で、最も多くの人に享受されてきたものは、朱子(朱熹)の『論語集注(しっちゅう)』であった。これのことは、世界的に考えてみても、同じことが言えるだろう。かくいう私も、十八歳で大学に入学した際の最初の講義で学んだ漢文は、簡野道明の補注による『論語集注』を教科書に、柳町達也先生から学而第一を二年間習ったものだった。
その講義で学んだことは、現代語や解説などに頼らずに、直接古典注釈書を学ぶことの意義と、長い注釈の歴史を持つ中国に劣らず、日本でも朱子を乗り越えようとした先人の営みの精華を知ったことだった。
本書の最初に収める松平頼寛(1703～1763)『論語徵集覽』には、日本における論語についての二大著述を対照させた集注が収められる。すなわち伊藤仁斎(1627～1705)『論語古義』と荻生徂徠(1666～1728)『論語徵』である。いずれも朱子の説を祖述することを潔しとせず、それを乗り越えるべく独自の思想を追究した先人の賜物といえる。
江戸時代、林羅山によって身分制度を正当化する朱子学は、江戸幕府の正学とされていた。そこでは、「上下定分の理」や、そのために名称と実質の一致を確立しようとした名分論が武家政治の基礎理念として貫かれていた。
しかし、仁斎と徂徠の両名は、ともに当時支配的であった朱子学的な経典解釈に批判的態度であたった。具体的には、両名は直接原典を考究するという原理主義に立って朱子学に臨んだのである。ただし、両者の採った方法はそれぞれ異なるものであった。
端的に言えば、仁斎の古義学は、疑念を持って原典にあたり、批判的な態度で読むことに努めたものといえ、徂徠の古文辞学は、原音原語と制度文物の研究によって、先王の道を知ろうというものであった。また、中国語に堪能だった徂徠は仁斎に否定的な態度で臨んだことも特徴的であった。その結果、それぞれ方法・立場を異にしながらも、全人的理解を目指して体系に裏打ちされた思想を生み出したのである。本書に収載の『古義』『徴』の二書にもその傾向はうかがえる。

両名の考え方の差は随所に現れている。一例として学而第一第八章を採り上げてみよう。

「子曰、君子不重則不威。
学則不固。
主忠信。
無友不如己者。
過則勿憚改。

この部分の解釈は仁斎と徂徠とで異なる。詳しくは収載された両書を参照して考えてもらいたいが、あえて一点だけ述べれば、この章の「学則不固」の部分には両者の考え方の違いが最も明確に現れているといえる。

まず、仁斎は、『論語』は孔子が当時の賢士大夫に向かって説いたもので、この章も孔子が説いたいくつかの言葉を弟子たちがつづり合わせたものと考えた。それに対して徂徠は、『論語』は孔子が以前からの古言を唱えながら教えたものであるため、一貫性を認めづらい部分や、重複した内容があることも当然と考えた。

その結果、仁斎は「学則不固」を、「学べば則ち固かたからず」と訓んで、きちんと学問をしないと堅固な考えを持てないと解釈した。それに対して、徂徠は「学べば則ち固こせず」と訓むことができる解釈を行った。孔子には定まった師はなかったので、融通無碍な考え方を行う人であったと考え、学びを深めれば、狭い見識にとらわれた固陋な考えを持たなくなるというのである。

朱子の学問は、孔子の一言片句さえも一貫した意味と思想を持つものと解釈することに努めた。それに対して、日本の仁斎と徂徠はその立場を採らず、朱子とは異なる解釈を行ったのである。仁斎は孔子の平生の言葉を繋げ合わせたものとし、徂徠は以前から伝わる古言を孔子が唱えながら教えたものと考えた。徂徠の考え方を採れば、他の箇所にも重複のあることに説明がつき、同じ章の「過ちては改むるに憚ること勿れ」からうかがい知れる君子像とも矛盾しない。

また、全体的思想においても、朱子は宇宙に根拠づけられた道の体現者としての孔子を見ようとしたのに対し、仁斎は、その考え方を排斥して日常性と道徳に関心を集中させた考えを採った。徂徠も同じく朱子とは異なる経学を示しながらも、仁斎にも反対の立場を採り、先王とは異なって統治者としての経験・実績はないものの、そのための道を後世に示した孔子の偉大さを伝えようと努めたのである。

こうした日本経学の豊潤な蓄積と独自性が、中国で知られることは少ないだろう。本書を編纂する意図はまさにそこにあるのだが、中国の人達だけでなく、多くの日本の人達にも興味を持っていただきたく思う。

平成二十八年師走　相田満

《論語》和日本

——代前言

一

翻開日本《古事記》應神天皇的章節，其中有『論語十卷』的記載。這是目前所知日本對《論語》的最早記録。應神天皇是日本第十五代天皇，在位四十一年（約公元二七〇年至三一〇年在位），一百歲崩（《古事記》載一百三十歲）。論及《論語》和日本的關係，上述記載是不可忽視的，至於《古事記》的記載是真是假，已有諸多考證，限於篇幅，在此不贅。《古事記》是日本最早的書，由其記載，可推知《論語》流傳到日本至少一千七百年了。這裡不妨摘録一段日本漢學大家諸橋轍次的話。他説：

《論語》是公元二八五年（應神天皇十六年）由百濟王仁博士傳到日本的。日本最早的書《古事記》成書於七一二年（和銅五），以此推算，《論語》到日本要比《古事記》早四百二十七年。也可以説,《論語》是日本人手裡拿到的第一本書。從那以後至今,《論語》差不多被日本人讀了一千七百年,終於家喻户曉、人人皆知、可親可敬了。雖説《論語》是外來的書,可我覺得稱其為日本古典中的古典並不過份。

(諸橋轍次《中國古典名言事典》,講談社學術文庫,第十九頁)

諸橋轍次先生的這段話,述及《論語》自傳入到被日本人廣泛接受的過程。那麽一千多年來,日本人究竟是怎麽閲讀《論語》的呢?

二

正如《古事記》所記載的那樣,自從王仁博士將《論語》作為禮物敬獻給應神天皇的皇子以來,《論語》以及流傳到日本的中國典籍的讀者主要是日本天皇和皇室子孫。他們通常由大學博士等專業人士傳授。比如日本漢文史籍《日本三代實録》第五卷清和天皇貞觀三年(八六一)八月十六日有如下記載:

十六日丁巳,天皇始講論語,正五位下行大學博士大春日朝臣雄繼侍講。

(《日本三代實録》上卷,名著普及會,第一三一頁)

該書第三十六卷元慶三年(八七九)八月十二日同樣有陽成天皇讀《論語》的記録:

十二日己巳,天皇始講論語,正五位下行大學博士大春日朝臣雄繼侍講。

(《日本三代實録》下卷,名著普及會,第一八〇頁)

清和天皇和陽成天皇分别是日本第五十六代和第五十七代天皇。《論語》不僅僅為天皇閱讀,也是皇子的啟蒙讀物。比如從《御産部類記》中可知皇子出生一周之内,由明經博士、紀傳博士閱讀的中國典籍書目中就有《論語》:

延長元年七月二十四日,皇后(藤原穩子)産男兒(寬明親王),前朱雀院,内匠寮作御湯具,七日間明經、紀傳博士等相交讀書,千字文、漢書・景帝紀、文王卅(原字)子篇、古文孝經、論語置一卷、尚書、史記、毛詩、明帝紀、左傳等也。

(《圖書寮叢刊・御産部類記》,明治書院,第七、八頁)

延長元年即西元九二三年。寬明親王剛出生,耳邊就聆聽大學博士讀《論語》及各種典籍,可見日本古代天皇對皇子履行儒家經典教育的重視。寬明親王日後成為日本第六十一代天皇即朱雀天皇。

不僅古代天皇及皇子耽悦《論語》及中國典籍，誦讀《論語》更是男性貴族修身的主要方式。這與日本古代没有文字密切相關。正如齋部廣成在其《古語拾遺》的《序言》裡説：『上古之世，未有文字。貴賤老少，口口相傳，前言往行，存而不忘。』(《古語拾遺》，岩波書店，第一一九頁)自漢字傳入日本後，日本開始借用漢字表情達意。前文提到的《古事記》，從頭至尾都是用漢字書寫的。日本第一部和歌集《萬葉集》也是用漢字書寫的。但問題是，雖是漢字，中國人卻未必能看懂。比如，明代李言恭《日本考》中有如下日本古代歌謠：

月木日木，所乃打那天木，乃子華失也，我和慕人那，阿而多思葉白。

(〔明〕李言恭、郝傑編撰，汪向榮、嚴大中校注《日本考》，中華書局，一九八三年，第一二四頁)

恐怕任何中國人讀了以上歌謠，都會如墜五里雲霧而不知所云。其實這是一首日本古代情歌，大意是：『日月同天，想他那裡，我思念人，有人思我。』(出處同上)這是因爲，日本借用漢字表情達意時，已經有固定的日語表達形式了，只是没有日語文字而已。這是一個值得深究的課題。

借用中國漢字，終究不方便，於是日本在平安時代發明了『假名』，即記録日語的文字。

顧名思義，假名是相對於『真名』而言的，真名即漢字書寫的古文。十分有趣的是，日本創造的假名，依然與漢字藕斷絲連。毫不諱言，日語的假名，其本質是對漢字的『崩裂』。五十個平假名和五十個片假名，都基於一百個漢字。日語假名不變，漢字轉爲繁體字。假名源於漢字，在日本學生《國語》裡，均有鮮明的解釋，只是千百年來，對於日本學生或對所有日本人而言，在他們的意識裡，與其說漢字是中國的，倒不如說漢字是日本的，俗話說習慣成自然。

假名終於替代了真名，成爲日本的國語。但是，在假名剛剛開始的平安時代，『真名』與『假名』的地位截然不同。按古代日本律令的規定，國家政府機關的官方文書，一律爲真名，且多爲男性高級貴族把持，因此真名也稱爲『男手』，相對真名而言的假名，則叫『女手』。日本古典文學《枕草子》及《源氏物語》即是『女手』創作的代表作。從《源氏物語》作者紫式部的假名日記（《紫式部日記》）中可見，當時她旁聽兄長的漢儒課程時，由於其記憶力好，每當兄長被問得不能回答而發窘時，她在一旁倒背如流。她作爲文人的父親對其刮目相看，十分惋惜地說：真可惜你不是男兒啊！由此可見當時重視男子識『真名』女子習『假名』之一斑。

女性貴族宜用假名，男性貴族須用真名。從現存男性貴族的漢文日記中，我們仍然會發覺《論語》是皇室子孫必讀的中國典籍之一。比如日本第六十六代天皇一條天皇的第二皇子敦成親王誕生後，當時的攝政大臣，即一條天皇的岳父藤原道長在他的漢文日記《御堂關白記》中（現存作者部分親筆日記均爲日本國寶），對敦成親王的讀書書目和讀書時間以及擔任博士均有詳細記録。比如寛弘六年（一〇〇九）十二月一日，上午讀《漢書》，傍晚時分由名叫成爲忠的人讀《論語·大伯篇》(詳見《御堂關白記》，岩波書店，第二七一頁)。敦成親王日後成爲日本第六十八代天皇即後一條天皇。

鐮倉時代和室町時代的漢文日記裡，也依然可見閱讀《論語》的記録。比如鐮倉時代公卿近衛家實在其《猪隈關白記》裡，於正治二年(一二〇〇)二月一日記：『博學而篤志，論語云云。』(詳見《猪隈關白記》，岩波書店，第六九頁)另外在建仁三年(一二〇三)八月二日還有『釋奠、論語』的記述(詳見《猪隈關白記》，岩波書店，第二七〇頁)。所謂『釋奠』是沿襲古代中國祭奠以孔子爲代表的儒家先哲的儀式，最早由奈良時代《大寶令》中的學令頒佈後，于大寶元年(七〇一)實行，中途停止，後又復活，反反復複直到明治維新才餘韻告罄。

鐮倉時代以後的室町時代，後崇光院伏見宫貞成親王的日記於永享八年(一四三六)十月二日記：『讀書如例，論語第二卷講義。』(詳見《看聞日記》第五卷，宫内廳書陵部，第三二〇頁)

另外在室町貴族内大臣萬里小路(藤原)時房的日記《建内記》裡，也同樣可見其耽悦《論語》的記録。比如在康正元年(一四五五)八月二十一日的日記中有以下記載：『岡崎三品(周茂)終日來談，論語第七讀和了。』(詳見《建内記》第十卷，岩波書店，第一七八頁)

從以上零零碎碎的記述裡，大致可以瞭解，《論語》在日本先有天皇及皇室子孫閱讀，爾後普及到貴族階層，延綿不絶。但是，直到室町時代尚不見有學者潛心閱讀《論語》後，用漢文加以解釋的著作。

三

如果把『論語』作爲關鍵词輸入日本國立國會圖書館的藏書檢索欄裡，現在顯示的數目是三六四一件。這個數目還在不斷增長，因爲每年都有新的有關《論語》的書籍出版。比如二〇一六年六月，岩波書店出版了井波律子氏翻譯的《完譯論語》，同年十月，筑摩書房出版了齋藤孝氏翻譯的《論語》。日本《論語》的譯作，可謂雨後春筍，層出不窮。而且有趣的是，翻譯《論語》的譯者未必會説漢語，他們能夠翻譯《論語》，其氣魄來自對中國古文的日語解讀——訓讀。

説起訓讀，得回到平安時代日本人所發明的假名。前文提到過的源於漢字的一百個假名中，其中五十個片假名就是爲訓讀『真名』漢文服務的。漢文訓讀的發明，不能不説是日本人的智慧，因爲所有的中國典籍，一旦配上訓讀，如何閱讀的問題就會引刃而解。因為有訓讀這一特殊的閱讀方法，所以一個日本人即使完全不會説漢語，也能夠看懂《論語》。訓讀並不難，即按照日語的順序，在漢字左右下角分別添加訓點和送假名。其目的是爲了符合日語的順序，所以有必要顛倒漢語的語序，因爲日語和漢語的語序不同，比如漢語動詞後面跟賓語，而日語常常是賓語在前動詞在後。而訓點符號恰是爲顛倒漢語語序迎合日語順序而起作用的。

訓點符號屈指可數，簡言之，不外乎以下訓點。首先是返点『レ』，意为返回，即在两个汉字之间有返点的话，先读下边的字，然后再返回读上边的字。其次『一、二、三、四』點，即按照點數的多少，先讀有一點的字，次讀有二點的字，再讀有三點的字，最後讀有四點的字，以此類推。同樣的方法還有『上、中、下』點和『甲、乙、丙、丁』的訓點標誌。這些訓點基本都是按照其順序先後讀字罷了。如此看來，訓讀的方法並不困難，不過訓讀後的漢字得配上相應的送假名即片假名部分，需要有深厚的日語語感，所以日語能力的高低，左右著訓讀後的翻譯水準。由於古代漢文都是豎排，日語亦然，所以按訓讀規則，一般將訓點標在漢字的左下角，片假名標在漢字的右下角。

日本的訓讀雖易學，但其方式比較煩雜，似乎没有統一的模式，又常常與師承直接相關。比如昭和時代的學者，就有東大（東京大學）和京大（京都大學）畢業生訓讀的不同方式。訓讀起源于平安時代，最早誕生于漢儒博士之家，派系林立，方法不一，猶如祖傳秘方不外傳，承繼的都是同門子弟。雖然方法不一，但是對理解中國古文似乎大相徑庭。好比中國大陸使用中文拼音，而中國臺灣則使用注音符號，形式不一，但對於同一個漢字所發出的聲音還是一致的。毫無疑問，日本人發明的訓讀，是日本人理解中國典籍的一條有效捷徑。時至今日，漢文訓讀仍然是日本高中生考大學的必考課程。可見，用訓讀的方法理解中國古文的技能，幾乎都潛伏在每一個日本人的頭腦裡。因此，對中國人來說，理解日本人，要知道他們會訓讀的本領。比方説，一個中國人古文功底很差，而一個日本人，訓讀能力很强，在理解中國古文方面，日本人往往比中國人更勝一籌，這並不是神話。

由上可知，《論語》傳到日本以後，自從片假名發明以來，日本人用訓讀的方法，一代又一代孜孜不倦地閱讀著《論語》。

一千多年來，《論語》在日本一直很受寵，從來没有被排擠過，時至今日，在中國典籍中，《論語》依然最受推崇。走進日本任何一家書店，恐怕都不難找到《論語》的位置。

關於《論語》流傳日本的底本，前後有兩種。一是可見於古代日本律令中的鄭玄注、何晏集解以及平安時代《日本國見在書目録》中爲代表的皇侃《論語義疏》，二是朱熹的《論語集注》。前者爲古注，後者爲新注。新注《論語》在日本更受重視，比如明治書院出版的『新釋漢文大系』中的吉田賢抗氏的《論語》注釋本，其底本爲朱熹的《論語集注》。現爲日本中國學會會長的土田健次郎氏最近譯注了《論語集注》（詳見《論語集注》，東洋文庫，二〇一三—二〇一五年）。

江户時代之前，日本雖有各式《論語》訓讀方法，卻鮮有《論語》注釋著作。日本《論語》注釋的形成及高峰期均在江户時代，其中最重要的著作有兩部：一是伊藤仁齋（一六二七—一七〇五）的《論語古義》，另一部是荻生徂徠（一六六六—一七二八）的《論語徵》。

伊藤仁齋早先是朱子學派人物，但在《論語古義》里，卻義無反顧地站在反朱子學的立場上。同樣反對朱子學的荻生徂徠，在其《論語徵》里也反對伊藤之學。後來松平賴寬將上述兩部著作和何晏《論語集解》、朱熹《論語集注》編印到一起，名爲《論語徵集覽》，大大便利對比閲讀。

本套叢書收録了松平頼寛《論語徵集覽》、山本日下《論語私考》、三野象麓《論語象義》、山本樂所《論語補解》、田中履堂《論語講義並辨正》等系列著作，均是江户時代最有影響的《論語》注釋著作，其中三種帶有訓點符號，對閲讀或有不便，但這些著作第一次與國内讀者晤面，相信會對讀者學習、研究《論語》有所助益，甚至能對研究日本漢學乃至東亞儒家文化帶來好處，那正是編者所期待和引以為榮的。

国文学研究資料館博士研究員　張培華

二〇一六年十二月於東京

作者及版本

松平賴寬（一七〇三—一七六三），字子猛，號黄龍。寬保三年（一七四三）爲陸奥守山藩（福島縣）第二代松平（水户）的藩主。在江户藩邸創設藩校養老館。另著有《菊經》等。

《論語徵集覽》，四孔線裝袋型單面紙印，二十册，書高二十七厘米。每册封面有『論語』題名，正文字體與注釋字體大小有别，頗便閲讀。全書少有蟲蝕，字體清晰。二十册分裝兩個硬板布面包，第一包内收第一册至第九册，即學而一至子罕九。第二包收第十册至第二十册，即鄉党十至堯曰二十。第二十册『堯曰』後，附『論語衆序附卷』，有《論語古注序》、《論語新注序説》、伊藤長胤《論語古義序》，《論語古義總論》。封面題簽『論語徵集覽』。版權頁記『寶曆十（一七六〇）季庚辰九月，東都小川彦九郎、宇野勘左衛門、前川六左衛門』。封面内頁印『源賴寬輯《論語徵集覽》服元喬閲，觀濤閣藏』。

目録

上册

中册

下册

源賴寬輯

論語徵集覽

服元喬閱

觀濤閣藏

論語徵集覽序

守山侯好學也昔嘗攜及物先生立業之日庶幾既切無何先生逝矣則恨不相見然前此　侯乃既聞故平文莊成物子學聘召以為客似厚禮畢已謹聽其業而無何文莊亦逝矣然　侯之恒德其業之所庶幾篤好

不渝歷年益脩矣乃謂物先生經義遺書厥已所成無先乎二辨論語徵焉於是取論徵專乃攻脩有年精覈之極遂復比附諸家集而覽焉庶之琢磨之功蓋自脩也然尒因此遂俾人切磋其業則可謂道學也夫惟物先生立業也嘗謂二三子曰詩書

雖缺孔子所折中可知而夫子信而
好古所為其佳語者蓋亦述先王四
術而已未嘗别有所作而其粹焉者
魯論是已故不律先王之道而作其
説者非孔子之遺也奈何諸註家信
經任意大義由此多違而古之道不
明然説者猶謂其持之有故其言之

成理猶且至於戾而不通則時亦加釀求售己意君子蓋有所懲焉嗟乎辭俾人無由得開內爲此爲不辨先王孔子之道幾乎荒矣是作徵々諸古物先生專獨所發揮也而其所以本文不具及諸註取舍古言徵否率皆略發其緒不必規々爲盡言者固

且以為夫既專徵古耳學之徒無與
焉夫唯篤學之士名物熟覽諸家博
涉古今其素業乃尔而後聚訟之餘
舊牘已多乃復取決於此則庶亦知
吾說有徵尔是徵之所以序言析之
也雖然跂而望矣不如登高之博見
也而初學後生及此鮮矣其勢雖難

不得不廣見端不如見本分本分而理班班之與前鄉也效門室之辨混然曾不能決也俄而粲然白黑矣達者尚為愉快而況初學後生乎因此切磋就業則溯之有功於學者 侯之所以廣業非獨篤好物先生所立焉而已是之謂道學也蓋 侯為茲

厚於後世云高既與社盟文莊逝後
乃得見　侯時時復有見問而愈見
侯之篤好不渝歷年益勤矣今茲集
覽之業既成書矣凡二十一卷　侯
乃命侍史為對反覆挍讎而鐫諸焉
復命高俾序其由乃名具　侯之所
例矣若夫宏才博覽園圖六藝塲圃

古籍誦數以貫之思索以通之深造之功所適乃逢其源者其在其人與其在其人與

寛延庚午春正月

平安服元喬謹序

論語徵題言

孔子生於周末不得其位退與門人脩先王之道論而定之學者録而傳之六經傳與記是已其緒言無所繫屬者輯爲此書謂之語者裁然耳蓋七十子之後諸家所傳不無附益獨此至爲醇眞故學者尊之比諸六經迨漢代立之學官崇聖人之言也後世先王之道弗明

豪傑士厚自封殖。以聖知自處。遂至於以六經爲先王𢿱迹。獨潛心斯書。然學不師古。非孔子之心矣。廼敖然自取諸其心以爲解者。自韓愈而下。數百千家。愈繁愈雜。愈精愈舛。皆坐不師古故也。余學古文辭十年。稍稍知有古言。古言明而後古義定。先王之道可得而言已。獨悲夫中華聖人之邦。更千有餘歲之久儒者何限。尚且嘵嘵然事堅白之辨。而不識孔子所傳爲何道也。況吾東方乎。孟子有言曰。無有乎爾則亦無有乎爾。豈謂今之時與。是以妄不自揣。敬述其所知。其所不知者。蓋闕如也。有故有義。有所指擿。皆徵諸古言。故合命之曰論語徵。

物茂卿

論語徵集覽凡例

一徵本不載本文今此章分論語以徵附之予欲並觀諸註而窮其所歸何朱二家及古義說小字兩行以次載之徵之所爲論裁指擿者也徵在後獨中字書者旣以徵爲主所以視其意也且逐次尋討而後徵說益可徵矣

一旣集視之釋文所襲論說所因各家數出頗覺雷同然今不可以我取舍則不得不仍舊並存矣其同之所同相挍歸同而其異者趣操覩焉奚不有益於比考哉

一諸家註例有析章攙入因承本文就明其義者各據所見既不可一今此章載不斷諸註亦已連緝各段分家而已古註某曰某曰之類仍舊雖煩不可刪去藤氏古義釋文註論大小上下分例殊繁諸若是類一切畫隔之而已既是連綴難依例看或有文若無所承者讀者乃各配本自有辨焉本有圈者姑存從舊

一朱註本有音義今不收載即有一二須音義者其裁已具徵中

一物先生胸中已藏六經百家故諸引徵言時亦隨

意所記不必每言搜究令其篇題不具者略舉其端標揭上頭聊便考索一二而已後之書頗涉指摘若可備證者偶且所見從而標出亦未始求全予已集此以備要覽因命侍史刋藏焉既以爲己冀亦爲人

史記孔子世家
贊曰自天子王

論語徵集覽卷之一

魏　何晏　集解

宋　朱熹　集註

大日本　藤維楨　古義

物茂卿　徵

從四位侍從源賴寬　輯

【徵】蓋先王詩書禮樂。孔子之前。學者亦傳其義。然其言人人殊矣。至於孔子而後論定。故所以命之爲論者。廼以命孔子事業乎爾。大史公謂學者稱述六藝。皆折衷於孔子。是之

讀論語集覽卷之一

侯中國言六藝者折中於夫子

藝文志曰論語者孔子應答弟子時人及弟子相與言而接聞於夫子之語也當時弟子各有所記夫子既卒門人相與輯而論纂故謂之論語

乞言合語禮記文王世子

請事斯語顏淵篇

程子曰見集註序說

謂乎。如論人論官論罪。古皆謂論而定之也。非徒論辨也。漢書藝文志謂弟子論撰孔子之語。猶爲不失古言。廼論屬之弟子其意謂如尚書之尚也。則國語家語何別。齊論魯論何謬。且訓語爲言。非古矣。古者大學有乞言合語。周官大司樂有樂語。凡言之可以爲教者。皆謂之語。如語云及請事斯語之類可見已。故曰。謂之語者。裁然耳。

七十子所錄。人人殊矣。散之四方。人爲篇而篇無統也。命篇無意義。以此。程子曰。成於有子曾子門人。故唯二子以子稱。何廼遺閔冉。且也子思作中庸。字其祖。子何必優於字乎。大氏其族有爲大夫者。則子歸之。其它否。烏知子貢子路游夏之儔。其族不有爲大夫者乎。又如何註所引。孔曰馬曰王曰。古本皆具其姓名。作孔安國曰。馬融曰。王肅曰。而晏父名咸。故於包咸獨去其名。辟諱也。至於邢昺正義。廼始盡去其名。從省也。朱子不睹古本。妄謂不名先儒禮也。於是乎尹焞游酢謝良佐屬悉氏而不名。又從而爲之階級。子程張而氏諸儒。自此之後。大全諸書。奉以爲金科玉條。不敢違。遂使讀者茫乎不能識其爲誰某也。殊不知君前臣名。其於父與師亦爾。解經諸儒。具其姓名。禮當然也。且功罪有歸。謬誤可稽。義當然也。予嘗謂朱子不知而作者。豈不然乎。

魯論二十篇。齊論二十二篇。古論二十一篇。其傳於後者尚爾。況論語未成之時乎。其篇有幷析者可知也。秖其書以知命君子終始。及鄉黨終上論。堯曰終下論。群弟子之言附

曾點舞雩先進篇　樊遲從遊於舞雩見顔淵篇　邦君之妻季氏

後蒐輯者之條理之也。蓋上論成於琴張，而下論成於原思，故二子獨稱名。其不成於他人之手者審矣。

矢口之與涉筆有間也。論語者聖人之言，而門人之辭也。謂之聖人之文者惑矣。門人一時以意錄之，以備忽忘焉耳，豈有意傳之後世哉。且烏知其錄時之意乎。且論語猶詩邪。詩有序，而論語無序，何以識孔子所以言之乎。曾點之舞雩，如睎諸畫，樊遲則否。廼錄者之工拙殊也。凡謂論語精譔者，其說至於邦君之妻曰小君而窮矣。且先王之道。禮樂焉耳。而孔氏多言其義。禮樂殘缺。論語廼有不可解者矣。

人不欲學孔子所學。而欲學孔子。是工人不由規矩準繩。而學般倕也。其意謂欲學孔子。宜無若論語。聖人之言行具是。而其意猶有所不足也。則以史記世家補之。噫是惡足盡孔子哉。孔子不得其位。不行其道於天下。以匹夫終其身。故其所言所行。止於若是焉。夫舜耕歷山陶河濱而人化之。是其德爲爾。何

內聖外王見莊子天下篇

以睹其道乎。苟有其德則舉而措諸事業，是莊周內聖外王之說也。道者率性自然而人皆有之。故聖人不假學。是宋儒以後之失也。其究必至於廢六經而極矣。孰謂仁齋先生殊於宋儒也。然則論語不足讀邪。曰否也。工人既傳其規矩，而後與般倕處，其益豈小小乎。是歷山雷澤之間，亦足以窺其百揆之時哉。要之聖人之道大矣。若學者所見之小焉耳。

學而第一

好學自稱見公冶長篇

學而不厭見述而篇

〔析〕此爲書之首篇故所記多務本之意乃入道之門積德之基學者之先務也

〔徵〕孔子未免身爲匹夫。五十而知天命。然後脩先王之道傳諸人。以儒自處。以好學自稱。其恒言曰。學而不厭。誨人不倦。如學而時習之。亦以勸人。是雖未足以盡聖人。亦足以槩孔子。故以居首。蒐輯者之意也。荀子首勸學。蓋本諸。

子曰學而時習之不亦說乎有朋自遠方來不亦樂乎人不知而不慍不亦君子乎

〔古〕馬融曰子者男子之通稱謂孔子也王肅曰時者學者以時誦習之誦習以時學無廢業所以爲

說懌包氏曰同門曰朋愠怒也凡人有所不知君子不怒

新 學之爲言效也人性皆善而覺有先後後覺者必效先覺之所爲乃可以明善而復其初也習鳥數飛也學之不已如鳥數飛也說喜意也既學而又時時習之則所學者熟而中心喜說其進自不能已矣程子曰習重習也時復思繹浹洽於中則說也又曰學者將以行之也時習之則所學者在我故說謝氏曰時習者無時而不習坐如尸坐時習也立如齊立時習也朋同類也自遠方來則近者可知程子曰以善及人而信從者衆故可樂又曰說在心樂主發散在外愠含怒意君子成德之名尹氏曰學在己知不知在人何愠之有程子曰雖樂於及人不見是而無悶乃所謂君子愚謂及人而樂者順而易不知而不愠者逆而難故惟成德者能之然德之所以成亦由學之正習之熟說之深而不已焉耳○程子曰樂由說而後得非樂不足以語君子

古義 學傚也覺也考諸古訓驗之見聞在所傚法而覺悟也習溫習也說悅同喜也言既學矣而時

時溫習則智開道明猶大寐頓覺蹶者忽起而有不堪其悅者矣蓋道之浩浩唯學得以盡之而非習則亦不能造其極故聖人以學爲貴而習爲要也」朋同類也其學足以被乎遠則君子善與人同之志得遂而足以見我德之不孤何樂如之」慍怒也君子成德之稱言德備於己則富貴爵祿毀譽得喪一切無所動乎其中故雖人不知而輕蔑之毫無所怒學之至也蓋其道愈大則識之者愈少是君子之所以不慍也」此夫子自言其意中之事以勸勉人也言適其心則悅遂其願則樂皆人情之所同然而人未知誠悅樂也君子者人之所仰慕而人未知誠君子也故學而時習則所得日熟是爲誠悅矣有朋自遠方來則善與人同是爲誠樂矣而至於上不怨天下不尤人無入而不自得焉則不啻免爲鄉人是爲誠君子矣而朋來之樂不慍之君子皆由學而得焉則學之爲功不其大乎夫子所以爲天地立道爲生民建極爲萬世開大平者亦學之功也故論語以學之一字爲一部開首而門人以此章置諸一書之首蓋一部小論語云

易蒙九二曰子克家

【徵】子爲男子美稱。亦爲大夫之稱。古者天子世嗣。諸侯世嗣。大夫不世爵。士不世官。四十而仕爲士。五十而爵爲大夫。七十致仕。是德立而爵從。以大夫爲其至者。非若秦漢以後。士生願封侯以官至三公爲分所當得者比矣。是稱子之義也。子必有父。人無不有父者。不德爲不肖。爲不肖其父也。學成德而爵爲大夫。亦爲肖其父也。故德莫美於克子。古之義也。論語稱孔子去姓。如春秋公魯侯內辭也。

學農圃。學射御。亦皆言學。而單言學者。學先王之

樂正四術禮記王制

春誦禮記文王世子

道也。學先王之道。自有先王之教。傳曰。樂正崇四術。立四教。順先王詩書禮樂以造士。是也。習者肄其業也。時習之。王肅曰。以時誦習之。傳曰。春誦夏絃。秋學禮。冬讀書。其習之亦如之。以身處先王之教也。說者。心深受而有所愛慕也。蓋先王之道善美所會。萃天下莫尚焉。而其教法順陰陽之宜以將息之。假以歲月而長養之。學者優游於其中。久與之化。德月以進。辟諸時雨之化。大者大生。小者小生。豈非可悅之事乎。朋。黨類。謂從我游者也。樂謂樂其在我者而不復它求也。學成而孚於人。遠

文王之詩詩大雅文王有聲

方士亦有來從我游者。我教而育之。亦以在我者已。是其可樂之至。豈復有所慊而它求乎。凡天下之樂。皆在富貴。而貧賤之樂。其大而可皆能者。唯是已。故自西自東。自南自北。無思不服。文王之詩。而孔子廼足當之矣。人不知。謂不見用於世也。慍謂心有所怫鬱也。蓋慍鬱一音之轉。不必訓怒。君子。治民者之稱。包大夫以上。雖在下。其德足以長民。亦謂之君子也。士學先王之道以成德。將以用於世。然人不知而不我用也。其心豈莫所怫鬱乎。爲下者之情爲然。然亦有命焉。行先王之道於世。

發憤忘食述而篇

命也。傳先王之道於人。命也。唯命不同。於是時教學以爲事。藉以忘憂。其心莫有所怫鬱。學不厭爲君子之人乎。不亦乎者。贊辭。贊學習之道可悅可樂。亦可以爲君子也。蓋先王之道。敬天爲本。禮樂刑政。皆奉天命以行之。故知命安分。爲君子之事矣。中庸曰。遯世不見知而不悔。惟聖者能之。易文言曰。不見是而無悶。龍德而隱者也。是聖人而充君子之德。莫所待而不慍。廼舜泰伯足以當之。非凡人所能及者。大氐孔門之教。不以凡人所不及者強之。故曰。發憤忘食。樂以忘憂。不知老之將至。

學而不厭已見

又曰。學而不厭。誨人不倦。皆孔子自言以勸人者。與斯章之義正相發也。悅則不厭。樂則不倦。優游以卒歲。富貴於我、如浮雲。皆以是物。信哉。

朱子以效訓學。是字學家釋名之說。謂聲音之道。展轉相因。效轉爲學。故學亦有效意耳。然效學一分。效自效。學自學。豈可混乎。且學字。本不須訓詁。其義自明。朱氏所以引效字纏繞立說者。坐誤讀中庸孟子。妄求爲聖人故耳。夫聖人聰明睿知之德。受諸天。豈可學而至諸。何況效乎。先王四術。詩書禮樂。辟如化工生花。學以成德。德以性殊。立言制行。亦人人殊。何必效。爲宋儒非剪綵之花則里婦效顰西施。可謂陋矣。又如訓覺是其一旦豁然貫通之說。聖人之道所無。蓋先王之教習之久。與之化。德成而知明。莫有所容力。故曰默而識之。何有於我哉。宋儒主理貴知。欲先明其理而後踐之。故有其格物之說。今日格一物。明日格一物。有何窮盡。故又立一旦豁然之說以濟之。辟諸不享大牢。欲知其味。豈非妄乎。老佛以天下之人爲迷。迷斯有悟。聖人之道。豈有是哉。孟子先覺後覺訓正。徵諸本文可見已。論語先覺謂覺人之詐僞耳。豈

默而識之述而篇

孟子先覺見萬章篇

論語先覺見憲問篇

語學哉。人性本善。亦原於孟子。而孔子所不言。孟子亦有所爲而言之。且其所謂性。廼宋儒氣質。善亦大槩言之。宋儒性如佛氏性相之性。大失古言。其所謂善。亦以至者言之。遂加一本字而有復初之說。然赤子無聖人之德。其可言者理耳。故又曰。性即理也。是宋儒取諸其臆妄作者。昭昭乎明矣哉。又如仁齋以暬古補偏爲學問之功者。亦誤讀中庸。而謂道不族聖人而有之故也。果其說之是邪。孔子奚學爲。習訓重習。亦爲纏繞。覺習固有重複之義。然重複豈能盡學習之義乎。時習之。既以

悅字推類、共見孟子

皇侃義疏曰、悅之與樂俱是懽

爲時時重習。又以爲無時不習。朱子解經、可謂無特操者。已時時重習。僅爲童子受句讀者事。無時不習。則天子諸侯之禮。宗廟軍旅冠昏喪祭。皆不可得而習之矣。故唯坐如尸立如齋。可見其說之窮已。說訓喜意、殊爲不知字義。喜與怒對。悅則不然。聲色之悅耳目。芻豢之悅口。理義之悅心。王聞之大悅。怫然不悅。人皆悅服之類。豈特喜意乎。心與理浹洽則喜。宋儒誠枯單哉。悅固在心。然何必求諸心也。樂主發散在外。緣朋來造是無用之解。其謬肪於皇侃。殊不知凡言樂者。皆樂在我者而欣在心常等而貌迹有殊悅則心多貌少樂則心貌俱多所以然者向得講習在我自得於懷抱故心多曰悅今明友講說義味相交德音往復形彰在外故心貌俱多曰樂也

家語辯樂解曰舜彈五絃之琴造南風之詩其詩曰南風之薰兮可以解吾民之慍兮

莫我知也夫憲問篇

不須它求之義。悅樂之分。悅者道尚在彼而我學之。樂者道已在我而我教人。豈不明白乎。慍訓含怒意。亦至於南風解慍而窮矣。且人不知而慍。雖非君子。亦無是事。至於樂與不慍爲所遇境有順逆者。則其謬甚矣。人不知。本謂在上之人不知其有長民之德治邦之才耳。如莫我知也夫。豈爲七十子不知夫子乎。故朋來之樂。亦人不知之事。迺以教育英才自樂。而雖人不知亦不慍耳。是儒者之事。足以當君子之德。故曰不亦君子乎。朱子以講道授徒爲大小大事。以朋來爲順境以生徒零落

爲人不知。爲逆境、所見之陋、宜其生鵞湖之爭也
又如以人不知而不慍爲學問之極功是固然、然
有所慍者。爲其有所蘊也、苟無所蘊、亦何足貴哉。
且聖人之道。敬天爲本、故君子貴知命。若徒以心
不爲利名動言之。陋佛老亦能之。蓋先王之道。安
民之道也。學者學之也、學優則仕。以行其道。子路
曰。不仕無義。君臣之義。如之何其廢之。孔子時議
論如此。故人不知而不仕、其心有所怫鬱。士子之
常也。樂詩書以忘憂。儒者之事也。孔子以此自處。
亦以勸人。此章之義也。

不仕無義微子篇

有子曰其爲人也孝弟而好犯上者鮮矣不好犯上而好作亂者未之有也君子務本本立而道生孝弟也者其爲仁之本與

古 孔子弟子有若鮮少也上謂凡在已上者言孝弟之人必恭順好欲犯其上者少也本基也基立而後可大成先能事父兄然後仁道可大成

新 有子孔子弟子名若善事父母爲孝善事兄長爲弟犯上謂干犯在上之人鮮少也作亂則爲悖逆爭鬭之事矣此言人能孝弟則其心和順少好犯上必不好作亂也務專力也本猶根也仁者愛之理心之德也爲仁猶曰行仁與者疑詞謙退不敢質言也言君子凡事專用力於根本根本既立則其道自生若上文所謂孝弟乃是爲仁之本學者務此則仁道自此而生也○程子曰孝弟順德也故不好犯上豈復有逆理亂常之事德有本本立則其道充大孝弟行於家而後仁愛及於物所

謂親親而仁民也故爲仁以孝弟爲本論性則以
仁爲孝弟之本或問孝弟爲仁之本此是由孝弟
可以至仁否曰非也謂行仁自孝弟始孝弟是仁
之一事謂之行仁之本則可謂是仁之本則不可
蓋仁是性也孝弟是用也性中只有箇仁義禮智
四者而已曷嘗有孝弟來然仁主於愛愛莫大於
愛親故曰孝弟也
者其爲仁之本與
古義 有子孔子弟子名若犯上謂干犯在上之人
鮮少也亂謂逆理亂常之事也言孝弟之人不待
學問自不爲不善也蓋明孝弟爲本然之善也」發
專力也本猶根也言君子凡事專用力於根本根
本既立則其道生生不已也孝弟者其至於仁之
本歟故爲仁者以孝弟爲本則仁道充大而足以
保四海也」此章總贊孝弟之爲至德也蓋其爲人
也孝弟者其性之最美而近道者也則其心無犯
上作亂之事可知矣此則進德作聖之基本而可
以至於仁矣仁者道也孝弟者其本也苟自此本
而充之則所謂道者生生不已猶有源之水導之
而放于四海有根之木培之則可以參天故曰孝

弟也者其爲仁之本與可知道云者乃指仁也而孝弟其根本也編者以此置諸首章之次蓋明孝弟乃學問之本根也有旨哉論曰仁者天下之達道而人之所不可不由焉而行者也而循其本則人生之善具此四端苟知擴而充之則可以至於仁矣故孟子曰人皆有所不忍達之於其所忍仁也又曰惻隱之心仁之端也又曰親親仁也無他達之天下也有子以孝弟爲仁之本其言相符蓋孟子祖述之也先儒之説以爲仁義者人性所具之理性中只有仁義禮智四者而已曷嘗有孝弟來若如其説則仁體而爲本孝弟用而爲末於是與有子之言似相枘鑿故曰爲仁以孝弟爲本論性以仁爲孝弟之本然既曰其爲人也孝弟又曰本立而道生則其以孝弟爲仁之本可知矣然則孟子以仁義爲固有者何也蓋謂人之性善故以仁義爲其性也此以仁義名性也非直以仁義爲人性也毫釐千里之謬正在于此不容不辨焉

徵 爲傚於天下以教孝弟爲先宗廟之禮所以教

孝也養老之禮所以教弟也孝弟化行民俗和順天下自然治而後世不知其意以爲迂濶故有子語其義也言觀於孝弟之人不好犯上作亂之事可以見其效弗差焉君子務本本立而道生蓋古語有子引之有本有末莫非道也君子務本有司務末所職殊也在上之人所統大而力有不周也本立而道之行於彼者自然而然有非吾之所使者辟諸草木之生勃勃乎莫之能禦故曰道生我教孝弟未嘗教忠未嘗教敬未嘗教和未嘗教順而忠敬和順自然生於彼先王之知其要也

周書泰誓曰今商王受狎侮五常
仁義禮智出孟子詳于公孫丑上篇告子上篇又盡心上篇曰君子所性仁義禮智根於心
禮記禮運曰人者其天地之德陰陽之交鬼神之會五行之秀氣也鄭註曰言人兼此氣性純也正義曰人感五行秀異之氣故首仁義禮智信是五行之秀氣也
漢書董仲舒曰夫仁義禮智信

朱子曰。仁者愛之理心之德夫善惡皆在心。何德非心之德何唯仁哉愛之理。廼其理氣之説。蓋五常出周書。不知其解。仁義禮智出孟子。謂根於性而不謂性。謂之性者。自漢儒始配之五行者。亦自漢儒始。然漢儒之性。廼宋儒之氣質。初無理氣之説。理氣之説。自茂叔始。若唯據性理也。則性中何無孝弟也。程子深泥五行。其意謂生之初唯有五氣。五氣之理。仁義禮智。故曰曷嘗有孝弟來。仁齋先生又以本爲本根。而言可由孝弟以成仁德也。是誤讀孟子之失已。先王之道。仁自仁。孝弟自孝

五常之道又東平王傳曰夫人之性皆有五常茂叔始作大極圖説及通書二程受之遂立性理義仲虺之誥曰以義制事以禮制心

左傳僖二十七年曰詩書義之府也禮記禮運曰禹湯文武成王周公由此其選也此六君子者未有不謹於禮者

弟。豈可混乎。蓋仁智德也。禮者先王之禮。義者先王之義。禮以制心。義以制事。皆道也。王道亡而師道興。古者禮樂以成德。於是略禮樂而急脩身。故釆其要領者以教人。是仁義禮智之名所以立也。其在思孟之際乎。故其所謂禮。專指曲禮言之。後世諸先生皆不晰淵源所委。一宗漢儒。其所不通者。以臆斷之。所以謬也。

仁知並言。德也。仁義並言。道也。道存六經。詩書者義之府也。禮皆有其義。春秋之義。孔子竊取之。易唯時之義。故六經莫非義。孰爲仁。孰非仁。仁蓋統也以著其義以考其信其餘禮之義散見禮記孟子離婁篇曰魯之春秋其事則齊桓晉文其文則史孔子曰其義則丘竊取之矣易彖傳曰時之義大矣哉子張問仁見陽貨篇顏淵問仁見顏淵篇苟志於仁矣見里仁篇

其大者也。唯賢者能識其大者。學者所難也。仁難言。以此。然先王之道。安天下之道也。六經孰非安天下之道。故仁以安天下解之。庶其不差矣。子張問仁。子曰。行五者於天下。顏淵問仁。子曰。天下歸仁。如有若之言。亦謂爲安天下也。不好犯上。不好作亂。豈學者自治之事哉。子曰。苟志於仁矣無惡也。果若後儒之説。則有若可謂言不知倫。已大氐先王之道。必有事焉。禮樂是也。故論語多語禮樂之義者矣。後儒不知。外禮樂而唯義理是視。此章之旨。所以不明也。

林放問見八佾篇　天下之本見孟子離婁篇　德者本也見大學

本。始也。林放問禮之本。天下之本國也。國之本。家也。家之本身也。德者本也。財者末也。皆謂所始。古言爲爾。古之言。皆主行之故也。後世體用之說興。以體爲本。以用爲末。以理爲本。以事爲末。皆主所見故也。莊周內聖外王之說哉。

子曰巧言令色鮮矣仁

【古】包氏曰巧言好其言語令色善其顏色皆欲令人說之少能有仁也

【新】巧好令善也好其言善其色致飾於外務以悅人則人欲肆而本心之德亡矣聖人詞不迫切專言鮮則絕無可知學者所當深戒也。程子曰知巧言令色之非仁則知仁矣

【古義】巧好令善也鮮少也言好其言語善其顏色致飾於外則是僞焉耳何仁之有孔門之教以仁

亂德見衛靈公篇

如簧見詩小雅巧言

書曰見皋陶謨

史記改作見夏本記

雍也仁而不佞見公冶長篇

爲學問之宗旨而平生受用莫不從事於此故不言道不言德或以仁命之如此章是也蓋德以仁爲主而仁以誠爲本剛毅木訥質乎外而實乎內故曰近巧言令色似乎外而僞乎內故曰鮮其辨誠僞於幾微之間至嚴矣

徵 巧言之人必以令色行之故或止曰巧言如巧言亂德巧言如簧是也書曰巧言令色孔壬司馬遷作史記改作巧言善色佞人佞人即巧言故知令色帶說也世人貴佞故或曰雍也仁而不佞以惜之故必求佞而仁者以爲成人孔子斷之曰巧言令色鮮矣仁見仁者之必不佞也鮮矣仁猶言鮮乎仁仁者何以不佞學詩以善其言辭學禮以

善其威儀。皆所以養德也。苟不務成德於我。唯言色之美是求。則徒爲悅人之歸。蓋天命我爲天子爲諸侯。是任天下國家者也。爲大夫爲士。亦共天職者也。學而成德曰君子。謂成安民長國家之德。故君子畏天。至嚴也。仁以爲己任。至重也。其心在安國家。至大也。志於仁者豈遑及言色之末哉。是其所志大故也。不畏天。不任重。其志不在安民。則所務不出於言辭容色之間焉。其所就不過於悅人自私焉。甚者迺至於以亂國家焉。所志小故也。

朱註。好其言。善其色。致飾於外。務以悅人。若無不

孟子內外辨告子篇

孟子本心見告子篇

巧言令色爲脅肩諂笑之徒見

可者。然以內外言之。其禍昉於孟子好辯。而極於宋儒。不可從矣。又曰。人欲肆而本心之德亡矣。亦其心學之說耳。且心豈有本末。亦其迷悟之說耳。孟子有本心之文。乃謂初心耳。又曰。聖人詞不迫切。專言鮮則絕無可知。聖人豈必不言無乎。鮮者少其人之謂也。天下之大。氣質萬品。豈可以吾一人之見而必其無也乎。故曰鮮。朱子意廼謂其人無仁焉。殊不知古書多曰不仁未仁耳。未聞無仁也。蓋仁者成德之名。不可以有無言矣。其或曰無仁者。以國與世言之。無仁人之謂也。又或有以巧

大全問朱子說帝之所畏據書皋陶謨

言令色爲脅肩諂笑之徒者。是豈帝之所畏乎。按皇侃本矣下有有。

曾子曰吾日三省吾身爲人謀而不忠乎與朋友交而不信乎傳不習乎

【古】馬融曰弟子曾參言凡所傳之事得無素不講習而傳之

【新】曾子孔子弟子名參字子輿盡己之謂忠以實之謂信傳謂受之於師習謂熟之於己曾子以此三者日省其身有則改之無則加勉其自治誠切如此可謂得爲學之本矣而三者之序則又以忠信爲傳習之本也○尹氏曰曾子守約故動必求諸身謝氏曰諸子之學皆出於聖人其後愈遠而愈失其眞獨曾子之學專用心於內故傳之無弊觀於子思孟子可見矣惜乎其嘉言善行不盡傳於世也其幸存而未泯者學者其可不盡心乎

古義曾子，孔子弟子，名參，字子輿。三省，如三復、三令之類，丁寧反復而省其身也。凡三字在句首者，爲三次之義，如三復白圭、三以天下讓是也；在句尾者，爲數目之字，如君子所貴乎道者三、君子之道者三是也。孔氏曰：忠，謂盡中心；信，實也。何氏曰：傳不習乎，言凡所傳授之事，得無素不講習而妄傳乎。此曾子於此三者，常常無怠於心，又每日三次竦動興起，自省其身若此。蓋斯三者，皆爲人不苟之事，曾子以此自省其身，則古人所以脩身者，專以愛人爲本，故其所自省者，亦在爲人，而非如後世之學以絕外誘、屏思慮爲省身之要也，可從而知矣。論曰：古者道德盛而議論平，故其修己治人之間，專言孝弟忠信，而未嘗有高遠微妙之說也。聖人既沒，道德始衰；道德始衰，而議論始高；及乎其愈衰也，則議論愈高，而去道德愈益甚矣。人唯知悦議論之高，而不知其實去道德益遠也，佛老之說，後儒之學是已。蓋天地之道存于人，人之道莫切於孝弟忠信，故孝弟忠信足以盡人道矣。若曾子之言，後世學者孰能識其造於至極而無復可加者乎哉！觀後篇答孟敬子將死之語與此荀子勸學篇曰君子博學而日參省乎己則知明而行無過矣楊註曰參三也曾子曰吾日三省吾身伊洛淵源錄載邢七自言一日三點檢伯淳曰可哀也哉其餘時勾當甚事蓋倣三省之說錯了可見不曾用功

章意若出一轍則知此章蓋出於其晚年而非初年之言也然則曾子一生之學謂此章盡之可矣先儒惜其嘉言善行不盡傳於世者亦非深知論語者也

徵吾日三省吾身。荀子三作參。而無三者之目。或曰參而察之。未穩。三去聲爲是。朱子曰。以此三者日省其身。可謂不知古言。然其說本於程子甞邪七。此自一時惡其效顰。豈可爲據乎。忠者。懇到周悉。無所不盡也。信者。行不爽言。若合符節也。朱子盡已以實之解。殊爲未暢。觀於下文以忠信爲傳習之本。則惡其義之淺。故爲此艱深之言也。殊不知曾子止以爲人謀與朋友交者言之。初非如宋

曾子守約孟子公孫丑篇

儒心學務深者比也。蓋先王之道。安天下之道也。然登高必自卑。行遠必自邇。故君子依中庸。中庸者孝弟忠信之謂也。皆存乎接人之間。孔門之教爲爾。又謂之依於仁。曾子守約出孟子。廼以曾子之勇比諸黝舍。豈以槩其生平乎。如戴記曾子問。則謂之何可謂牽強。又如傳不習乎。何晏曰。言凡所傳之事。得無素不講習而傳之。邢昺曰。傳惡穿鑿。爲得之。朱子曰。傳謂受之於師。習謂熟之於己。是解傳如學。大氐傳可屬之師。而不可屬之弟子也。爲人謀。與朋友言。皆以我言之。傳獨不屬我可乎。仁齋先生駁之爲當。按皇侃本交下有言。

子曰道千乘之國敬事而信節用而愛人使民以時

【古】馬融曰道謂爲之政教司馬法六尺爲步步百爲畝畝百爲夫夫三爲屋屋三爲井井十爲通通十爲成成出華車一乘然則千乘之賦其地千成居地方三百一十六里有畸唯公侯之封乃能容之雖大國之賦亦不是過焉包氏曰道治也千乘之國者百里之國也古者井田方里爲井井十爲乘百里之國適千乘也馬融依周禮包氏依王制孟子義疑故兩存焉」包氏曰爲國者舉事必敬愼與民必誠信」包氏曰節用不奢侈國以民爲本故愛養之」包氏曰作事使民必以其時不妨奪農務

【新】道治也千乘諸侯之國其地可出兵車千乘者也敬者主一無適之謂也敬事而信者敬其事而信於民也時謂農隙之時言治國之要在此五者亦務本之意也（）程氏曰此言至淺然當時諸侯果能此亦足以治其國矣聖人言雖至近上下皆通此三言者若推其極堯舜之治亦不過此若常

人之言近則淺近而已矣楊氏曰上不敬則下慢不信則下疑下慢而疑事不立矣敬事而信以身先之也易曰節以制度不傷財不害民蓋侈用則傷財傷財必至於害民故愛民必先於節用然使之不以其時則力本者不獲自盡雖有愛人之心而人不被其澤矣然此特論其所存而已未及爲政也苟無是心則雖有政不行焉胡氏曰凡此數者又皆以敬爲主愚謂五者反復相因各有次第讀者宜細推之

古義 包氏曰道治也千乘之國諸侯之國其地可出兵車千乘者也敬事而信者敬愼民事而信以接下也人通臣民而言時謂農隙之時言治國之要本在於所存而非專任政事也治千乘之國其事固難而其功最大矣然以此爲本則亦無難治者卽孟子所謂事在易之意〇楊氏曰上不敬則下慢不信則下疑下慢而疑事不立矣敬事而信以身先之也易曰節以制度不傷財不害民蓋侈用則傷財傷財必至於害民故愛民必先於節用然使之不以其時則力本者不獲自盡雖有愛人

道宋衞之間未考

之心而人不被其澤矣然此特論其所存而已不及爲政也苟無是心則雖有政不行焉

徵道千乘之國。諸先生之解。可謂善言治國之道者已。然孔子何以謂千乘之國。且道字。皇侃本作導。馬融曰。謂爲之政教也。包咸曰。道治也。皆非正解。特以解導耳。且古曰導之以德。豈此數事而謂之導乎。竊疑此必脫簡。道如道宋衞之間之道。蓋天子巡狩。必道千乘之國。小國若供億也。敬事而信。節用而愛人。使民以時。皆道千乘之國之事也。使民以時。蓋謂使治道路也。不然治國愛民爲先。何置諸後也。宋儒以理言之。莫不可言者。粲然可觀。荀不求諸辭。亦鑿矣耶。

萬乘千乘百乘。古言也。謂天子爲萬乘。諸侯爲千乘。大夫爲百乘。語其富也。語其富者。侈其辭。如千金之子。孰能計其囊中之藏。適千而言之乎。故古來註家。布算求合其數。可謂不解事子雲已。如以王畿千里出萬乘求之。必方百里者十而出千乘。是方三百一十六里之國也。由此而求之。必方百里而後出百乘。安有方百里而爲大夫者乎。又以方百里出千乘爲準。則方三十一里有畸出百乘。以方百里之國而有大夫若是。能堪尾大之患乎。

故斤斤求合其數。皆不通之論也。

敬皆本於敬天敬鬼神。其無所敬而敬者未之有也。朱子創敬工夫。是無所敬而敬者也。自謂無爲以余觀之。亦病耳。

子曰弟子入則孝出則弟謹而信汎愛衆而親仁行有餘力則以學文

【古】馬融曰文者古之遺文

【新】謹者行之有常也信者言之有實也汎廣也衆謂衆人親近也仁謂仁者餘力猶言暇日以用也文謂詩書六藝之文○程子曰爲弟子之職力有餘則學文不脩其職而先文非爲己之學也尹氏曰德行本也文藝末也窮其本末知所先後可以入德矣洪氏曰未有餘力而學文則文滅其質有

餘力而不學文則質勝而野愚謂力行而不學文則無以考聖賢之成法識事理之當然而所行或出於私意非但失之於野而已

古義 汎廣也衆謂衆人言廣愛衆人無所憎嫉也仁謂仁者言親近有德之人也餘力猶言間暇以用也謂用間暇也文者先王之遺文言孝弟謹信汎愛而親仁則修身之本立矣而其有餘力則亦考遺文以驗其所行之得失也此言學問當慎其初也孝弟者人倫之本謹信者力行之要汎愛親仁者成德之基餘力學文者亦就有道而正焉之意言在爲弟子時果能如此則學自正德自修而終身之業得矣論曰凡學須慎其初所入一差必貽終身之害後世學者不知以德行爲主而專以學文爲事故其卒也必爲異端俗儒之流蓋古者以德行爲學問故學問既成而道德自立見聞益廣而躬行益篤矣後世以德行爲德行以學問爲學問故既學矣而又脩德行以副其意故每有文學勝而德行不及之患矣或有未及德行而流至於記誦文詞而止者矣其初之不可不愼也如此

取諸易見文言

徵 謹而信。謹者。愼其言行不敢苟也。信者。行如其言也。朱子分配言行。盖取諸易庸言之信庸行之謹。可謂强矣。孝弟者。弟子之道也。謹信者。持身也。愛衆親仁者。接人也。之三者。日用之常也。餘力學文。以求進德也。朱註謂德行本也。文藝末也。又曰。力行而不學文。則無以考聖賢之成法。識事理之當然。而所行或出於私意。非但失之於野而已。夫文謂詩書禮樂之文。先王之教也。不學此。則雖有上數者。未免爲鄉人矣。何以能成君子之德哉。豈得謂之末也乎。何唯考成法識事理乎。後世諸先

有事弟子服其勞爲政篇

生。皆不知學問之道。悲哉。

仁齋先生解弟子入則孝曰。此言學問愼其初也。蓋據弟子字言之。有事弟子服其勞。有酒食先生饌。先生弟子。古未有若是拘拘者也。夫子本言爲人子弟者之事。而仁齋忽生一見。乃謂宗門之別也。以爲弟子入門初受教。孔子先以此教之。陋哉。且孔子時豈有宗門也。

子夏曰。賢賢易色。事父母能竭其力。事君能致其身。與朋友交言而有信。雖曰未學。吾必謂之學矣。

古 孔安國曰。子夏。弟子卜商也。言以好色之心好賢則善。孔安國曰。盡忠節不愛其身。

【新】子夏，孔子弟子，姓卜，名商。賢人之賢而易其好色之心，好善有誠也。致，猶委也。委致其身，謂不有其身也。四者皆人倫之大者，而行之必盡其誠，學求如是而已。故子夏言有能如是之人，苟非生質之美，必其務學之至。雖或以爲未嘗爲學，我必謂之已學也。○游氏曰：「三代之學，皆所以明人倫也。能是四者，則於人倫厚矣。學之爲道，何以加此。子夏以文學名，而其言如此，則古人之所謂學者可知矣。故學而一篇，大抵皆在於務本。」吳氏曰：「子夏之言，其意善矣。然詞氣之間，抑揚太過，其流之弊，將或至於廢學。必若上章夫子之言，然後爲無弊也。」

【古義】子夏，孔子弟子，姓卜，名商。賢人之賢而變易顏色，言好善之有誠也。致，猶委也。致其身，謂不有其身也。子夏言學者求如是而已，苟有如是之人，雖或未嘗爲學，我必謂之既學道之人矣。○游氏曰：「三代之學，皆所以明人倫也。能是四者，則於人倫厚矣。學之爲道，何以加此。子夏以文學名，而其言如此，則古人之所謂學者可知矣。」愚謂子夏得親炙於聖人，而篤信深守焉，則固當眞得聖人之

君子人與君子人也泰伯篇

皇侃義疏一通云上賢字猶尊重也下賢字謂賢人也言若欲尊重賢人則當改易其平常之色更起莊敬之容也

意而今其言如此則聖門所謂學者可知矣故學者能得子夏之意而後可以讀書不然則雖丈學可觀而與未學之人同可不察乎

徵 賢賢易色章如曾子君子人與君子人也意子夏設此以教人也若有人能此數者其人或自謙曰未學我必謂之已學之人也必者懸斷之辭以他邦他邑之人未諳其生平言之賢賢易好色之心何從而得好字乎變易顔色好賢之誠形於外也甚爲穩當能致其身謂致身其職也凡曰致者皆謂使之至也如致敬致哀致知致中和謂吾有所使之而敬哀之心中和之氣自然來至焉眞知

自然生焉。如致命、致饔餼，謂送之而使至于彼也，皆使之至也。故納身其職，視官如家，是之謂致身。大氐人之在職，雖奉行其事，而身不任之，如秦人視越人肥瘠，如坐岸上捕魚，是其身猶在此，而不至于彼，官與我不相干，安得謂之忠乎。故君子之事君，必納身其職而後爲忠，故以致身言之。孔安國曰「不愛其身」，愛猶惜也，辟諸愛惜物，不肯放手置于地，亦謂不納身其職也。朱註「致猶委也，委致其身，謂不有其身也」，似而非矣。古曰「委質爲臣」，委，奠也；質，贄也，謂仕者之奠贄也。朱子不知之，又誤

先進篇曰以道事君不可則止

禮記內則曰道合則服從不可則去

左傳襄二十六年曰臣之祿君實有之義則進否則奉身而退

晉語曰民生於三事之如一父生之師教之君食之非父不生非食不長非教不知生之族也故壹事之唯其所在則致死焉

文選桓元子薦譙元彥表曰以敦在三之節

禮記表記曰事

讀孔註。乃謂委身其君而不以爲己有。是妾婦之道也。果其言之是乎。所謂不可則已。奉身以退者。既委之而復奪之。豈可乎。世衰而道不明。君以是爲忠。臣以是爲忠。以陷於妾婦之節。豈不陋乎。後世君子。多以身死其難爲臣子第一義。故有是說。然是匹夫慷慨所能。豈難事哉。且在三之節。豈唯於君哉。傳唯表記有獻身之文。身乃質誤。自獻其贄以成其禮。豈不穩愜哉。或引元首股肱一體之義。然究獻身之說。妾婦唯命。奴僕唯命。豈望其爲股肱哉。字義不明。有戾於大義焉。學者察。諸朱註

君先資其言拜自獻其身以成其信是故君有責於其臣臣有死於其言故受祿不誣其受罪益寡

又引游氏之言。至矣。然以爲務本則非矣。蓋學以成德。學而不能成其德者衆。故子夏云爾。亦與上章其義互相發。葺錄者之意也。吳氏廢學之弊。刻哉。

子曰君子不重則不威學則不固主忠信無友不如己者過則勿憚改

古 孔安國曰固蔽也一曰言人不能敦重既無威嚴學又不能堅固識其義理也鄭玄曰主親也憚難也

新 重厚重威威嚴固堅固也輕乎外者必不能堅乎內故不厚重則無威嚴而所學亦不堅固也人不忠信則事皆無實爲惡則易爲善則難故學者必以是爲主焉〇程子曰人道惟在忠信不誠則無

物且出入無時莫知其鄉者人心也若無忠信豈復有物乎無毋通禁止辭也友所以輔仁不如已則無益而有損勿亦禁止之辭憚畏難也自治不勇則惡日長故有過則當速改不可畏難而苟安也程子曰學問之道無他也知其不善則速改以從善而已○程子曰君子自脩之道當如是也游氏曰君子之道以威重爲質而學以成之學之道必以忠信爲主而以勝已者輔之然或吝於改過則終無以入德而賢者亦未必樂告以善道故以過勿憚改終焉

古義 重厚重威威嚴言君子不厚重則無威嚴而民不敬夫子多爲當時賢士大夫說故凡稱君子者大類指在位之人而言孔氏曰固蔽也言君子亦當爲學以致其道不然則有蔽固不通之病主者對賓之稱忠信學問之本故學必以忠信爲主朱氏曰無毋通禁止辭也友所以輔仁不如已則無益而有損勿亦禁止之辭憚畏難也自治不勇則惡日長故有過則當速改不可畏難而苟安也此章一句各是一事皆切要之言也凡論語諸章有直記一時之言者有備錄異日之語者有綴輯

數言以爲一章者如此章是也蓋孔門諸子綴輯夫子平生格言以作一章自相傳授之也後之學者亦當自佩服焉論曰主忠信孔門學問之定法苟不主忠信則外似而內實僞言是而心反非難與並爲仁者有矣色取仁行違者有矣後儒徒知持敬而不以主忠信爲要亦獨何哉

徵 君子不重則不威舊註敦重也敦重者性也豈可強乎蓋祀與戎國之大事其它諸大禮重事也君子奉天道以行之建旌旗以象日月設百官有司以象星辰明等威以象天地不重謂非重事也君子愷悌以爲德故凡非重事不設威嚴唐虞君臣俞咈於一堂之上孔門師弟親若父子皆古之道也後世此義不明天地否上下隔而仁不明職

博學無方禮記內則

固哉高叟孟子告子篇

主司城貞子孔子世家

答子張主忠信顏淵篇

易忠信見文言禮記忠信禮之本見禮器

此之由焉學則不固傳曰博學無方孔子無常師謂不固守一師之說也固哉高叟之爲詩亦謂此也舊註不堅固非古言也仁齋先生謂學問之效令人不固陋是其視學太淺矣大非孔子之意也主忠信鄭玄曰主親也是其意如主司城貞子家之主游學他邦所主之家必忠信之人所主之人最親故訓親也然如答子張主忠信徙義崇德也正與此章相發無友不如己者過則勿憚改乃從義之事也又易忠信所以進德也又禮記曰禮有本有文忠信禮之本也皆主忠信意蓋學者學先

主文譎諫見詩大序

王之道也。先王之道。治天下之道也。故其道廣大而高明而精微。苟不主忠信。則必流於虛夸。故學問之道。必主忠信。而成德於己焉。古之道也。主。如主文譎諫之主。辟諸主賓。有主而後賓至焉。忠信而後所學可成焉。忠信乃爲人謀而忠與朋友言而信之謂也。不必從程朱諸先生深其義可也。何則。先王之道。治天下之道也。故學之必在接人之間焉。其於接人之間。苟能操心如此。則所學自然成於己矣。是聖人之教之術也。後人莫有深長之思。則不識聖人之教之術。故嫌夫爲人謀之忠與

不誠無物中庸出入無時孟子告子篇

禮記經解曰屬辭比事春秋教也

朋友言之信淺乎。乃務深其解。是不知道者也。如引不誠無物出入無時。皆坐是病也。此章君子不重則不威。學則不固。是一類。主忠信以下。是一類。孔子多誦古言以論門人。或並引以相發。或專誦以獨行。此章之半見它篇。而朱子以爲逸其半。仁齋先生疑其言不類。以爲非一時之言。皆不知孔子誦古言故也。屬辭比事。豈唯春秋哉。

曾子曰。愼終追遠。民德歸厚矣。

【古】孔安國曰。愼終者。喪盡其哀。追遠者。祭盡其敬。君能行此二者。民化其德。皆歸於厚也。

【新】愼終者。喪盡其禮。追遠者。祭盡其誠。民德歸厚謂下民化之。其德亦歸於厚。蓋終者。人之所易忽

也而能謹之遠者人之所易忘也而能追之厚之道也故以此自爲則已之德厚下民化之則其德亦歸於厚也

古義愼終而不忽者用慮之周也慕遠而不遺者好善之厚也上之所好如此則下民化之而無所不厚也世之不知道者必遂目前之近効而忽於愼終習末俗之苟簡而遺於追遠如此者其所以自修者既薄矣何以能化其民使之歸厚邪然則其爲國亦可知也

徵愼終追遠曾子語所以制禮之意也。先王制喪祭之禮而愼終追遠。是其意爲民之情歸厚故也。民德。如君子之德。小人之德。歸厚如歸仁。先王之禮。爲安民而設。故爾。朱註歸字不穩。仁齋先生以謂不啻喪祭。凡事皆當愼終追遠。其說本於皇侃

君子之德小人之德顏淵篇歸仁同

皇侃義疏一通云靡不有初鮮

竟不終。終宜愼也。久遠之事，錄而不忘，是追遠也。

一通。勃窣理窟。甚於朱子矣。夫愼終追遠。孔安國旣以爲喪祭之事。古來所傳。豈容盡廢乎。大氐後儒不知先王之道。以論語章章皆修身方法。所以失之也。

子禽問於子貢曰。夫子至於是邦也。必聞其政。求之與。抑與之與。子貢曰。夫子温良恭儉讓以得之。夫子之求之也。其諸異乎人之求之與。

古 鄭玄曰。子禽。弟子陳亢也。子貢。弟子。姓端木。名賜。亢怪孔子所至之邦。必與聞其國政。求而得之邪。抑人君自願與之爲治。鄭玄曰。言夫子行此五德而得之。與人求之異。明人君自與之。

新 子禽姓陳。名亢。子貢姓端木。名賜。皆孔子弟子。或曰。亢。子貢弟子。未知孰是。抑。反語辭。温。和厚也。

良易直也恭莊敬也儉節制也讓謙遜也五者夫子之盛德光輝接於人者也其諸語辭也人他人也言夫子未嘗求之但其德容如是故時君敬信自以其政就而問之耳非若他人必求之而後得也聖人過化存神之妙未易窺測然即此而觀則其德盛禮恭而不願乎外亦可見矣學者所當潛心而勉學也○謝氏曰學者觀於聖人威儀之間亦可以進德矣若子貢亦可謂善觀聖人矣亦可謂善言德行矣今去聖人千五百年以此五者想見其形容尚能使人興起而況於親炙之者乎張敬夫曰夫子至是邦必聞其政而未有能委國而授之以政者蓋見聖人之儀形而樂告之者秉彝好德之良心也而私欲害之是以終不能用耳

古義 子禽姓陳名亢子貢姓端木名賜皆孔子弟子或曰亢子貢弟子今據此章及後篇問子貢章爲子貢弟子爲是抑語辭子禽見夫子所至之邦必與聞其政而怪其感應之速故問若此」溫和厚也良易直也恭致敬也儉無節也讓謙遜也皆不自高之意其諸語辭也言溫良恭儉讓皆與抗顔

易直子諒見禮記樂記
股肱良哉益稷
三良左傳及黃

盛容以待人者相反夫子雖不有意取人之信然盛德之至時君敬信自以其政就而問之此夫子之所求也非若他人之求而後得也自爲高尚者人歛其道之高務爲矜飾者人疑其德之盛天下之通患也若溫良恭儉讓五者皆和順易直謙巳自卑不足以起人之瞻仰夫子雖以此存心然盛德之至愈抑愈揚愈謙愈光不意取人而人自感之此謂不求之求也嘗告子張曰質直好義慮以下人在邦必達在家必達又曰我待賈者也子貢知此故曰溫良恭儉讓以得之若子貢可謂善觀聖人者矣學者所當潛心而勉學也

徵 溫良恭儉讓朱註良易直也大失字義是其意以五德接人之威儀也故不得其解見傳有易直子諒之心子諒即慈良而妄剟二字以解之殊不知如股肱良哉良相良馬良工良醫三良皆以材

鳥序餘多雜見
諸書

漢書叙傳

良言之良豈有易直之義乎。溫其容也。良其材也。恭其處己也。儉其制用也。讓其接人之際也。豈可謂之威儀乎哉。蔡邕石經抑作意。蓋古字通用。漢書隗囂曰。抑者從横之事復起於今乎。是亦意作抑。

子曰。父在觀其志。父沒觀其行。三年無改於父之道。可謂孝矣。

【古】孔安國曰。父在子不得自專。故觀其志而已。父沒乃觀其行。孔安國曰。孝子在喪。哀慕猶若父存。無所改於父之道。

【新】父在子不得自專。而志則可知。父沒然後其行可見。故觀此足以知其人之善惡。然又必能三年無改於父之道乃見其孝不然則所行雖善亦不得爲孝矣○尹氏曰如其道雖終身無改可也如其非道何待三年然則三年無改者孝子之心有所不忍故也游氏曰三年無改亦謂在所當改而可以未改者耳

古義曰志曰行皆以善而言道者指其良法而言父在則唯觀其志于善而已父沒然後其行之善可觀也所志所行既善則可謂孝矣然父沒三年之間乃改作之時於是善奉其道永久無替焉則爲能盡其孝也夫孝者以立身行道不失令名爲本以繼志述事不墜先業爲盡故其志行不善則雖日用三牲之養猶爲不孝況父沒之後自猶己意改其良法則實不孝之甚矣嘗論孟莊子之孝曰其不改父之政與父之臣是爲難能焉即此之謂也或曰若父之道善則終身守之可也曰三年無改者何也且爲人之父者難保其心皆善如何曰人之父固有良有不良其不良者蓋置而不論夫子特就其良者而言之凡中人以上各隨其人而不能無良法故爲之子者雖微善不可以不奉

行焉三年無改者謂永久守之非謂三年之後便可改之也其以三年言者蓋以過三年而後即已之道不可謂父之道也

徵 父在觀其志。父沒觀其行。觀人之法也。然三年無改於父之道。可謂孝矣。則父雖沒。猶有未可觀其行者也。此上二句蓋古語。下二句孔子補其意。孔安國曰。孝子在喪。哀慕猶若父存。無所改於父之道。漢儒之說。多古來相傳者。後世三年之喪若有若已。故人不知此章之義。種種聚訟。尹氏解但論其心。烏有聖人但言其心。而不言其事者乎。游氏解。當改而可未改者。是無改之字。所指太窄矣。

盜之道見莊子胠篋篇　戎狄之道禮記檀弓　道二孟子離婁篇　是道也見子罕篇

仁齋先生解道者。指其良法而言。如盜之道。戎狄之道。道二。仁與不仁。豈必皆善乎。蓋道謂所由也。雖非先王之道。人人亦各有自以爲道者。是其心自以爲善而由之。故皆謂之道。又有守詩書一言片句以終身者。其所爲雖有所窒礙。亦謂之道。如是道也何足以臧是已。又曰。三年無改者。謂永久守之。非謂三年之後便改之也。以過三年而後即已之。道不可謂父之道也。勃窣埋窟。豈孔子時之言哉。蓋孔子之意。無論善不善。三年無改可謂孝矣。何者。天子諒闇三年。百官總已聽於冢宰。言猶不出、尚何改之有。古之道也。後儒所以疑焉者。以父有大惡。如桀紂所爲。而子不改之。則有害於家國也。夫桀紂之惡。雖桀紂亦不敢自以爲道矣。是則以論、其它如後世揚墨佛老、奉之者自以爲道、苟有不善。改之爲是。而尚且不改。亦可謂之孝矣。雖可謂之孝、而不可謂之義矣。故觀人之道。於是乎取其孝也。古人之言。各有所當者如此。後儒言孝。則必欲孝備百德。若孝必備百德。則君子之道。一孝而足。何煩立友悌忠信仁義勇智種種之目哉、且孝之爲德、甚重焉、周官三德（周官三德見地官師氏）、至德者、德之至莫以尚焉。敏德者。各隨其材所敏而成焉。之二者盡矣。又必立所謂孝德者。此古聖人之意也。其人所爲或未盡合於道。而苟合於孝德。則聖人取之。古之道也。後儒之不知聖人之道。宜其有疑於聖人之言也。

有子曰禮之用和爲貴先王之道斯爲美小大由之有所不行知和而和不以禮節之亦不可行也

古 馬融曰人知禮貴和而每事從和不以禮爲節亦不可行

新 禮者天理之節文人事之儀則也和者從容不迫之意蓋禮之爲體雖嚴然皆出於自然之理故其爲用必從容而不迫乃爲可貴先王之道此其所以爲美而小事大事無不由之也承上文而言

如此而復有所不行者以其徒知和之爲貴而一於和不復以禮節之則亦非復禮之本然矣所以流蕩忘返而亦不可行也○程子曰禮勝則離故禮之用和爲貴先王之道以斯爲美而小大由之樂勝則流故有所不行者知和而和不以禮節之亦不可行范氏曰凡禮之體主於敬而其用則以和爲貴敬者禮之所以立也和者樂之所由生也若有子可謂達禮樂之本矣愚謂嚴而泰和而節此理之自然禮之全體也毫釐有差則失其中正而各倚於一偏其不可行均矣

【古義】用以也禮記作禮之以和爲貴是也和者無乖戾之謂蓋禮勝則離故行禮必以和爲貴」有子先借先王之道以明禮之不可一於和也言若先王之道固雖爲美然世有升降時有隆汚悉由之而不改焉則有所牴牾而不行矣」此承上文而言禮之不可一于和也言知專貴和而不節之以禮則委靡頽敗亦不可行猶雖先王之道然小大由之無所取舍則有所不行也」和者美德而禮之所貴也故人皆知貴之而不知其所弊亦在於此蓋道之所廢必生於所弊所弊必生於所貴能視其

戴記語見儒行篇

所弊而早反之爲難故曰不以禮節之則亦不可行也可謂明且盡矣〇論曰舊註曰禮之爲體雖嚴然其爲用必從容而不迫蓋體用之說起於宋儒而聖人之學素無其說何者聖人之道不過倫理綱常之間而各就其事實用工而未嘗澄心省慮求之于未發之先也故所謂仁義禮智亦皆就已發用工而未嘗及其體也唯佛氏之說外倫理綱常而專守一心而亦不能已於人事之應酬故說眞諦說假諦自不能不立體用之說唐僧華嚴經疏云體用一源顯微無間是也其說浸淫乎儒中於是理氣體用之說興凡仁義禮智皆有體有用未發爲體已發爲用遂使聖人之大訓支離決裂爲有用無體之言且說體用則體重而用輕體本而用末故人皆不得不捨用而趨體於是無欲虛靜之說盛而孝弟忠信之旨微矣不可不察

〔徵〕禮之用和爲貴〇不可中間斷句〇戴記禮之以和爲貴〇用訓以〇古書率然〇仁齋先生引之〇爲是〇祗識

字不識句猶之朱子哉蓋言禮之以和爲貴者先王之道以禮爲美小事大事莫不由禮而非和不行故也有所不行皇侃邢昺皆屬於上文不者亦不可行也亦字爲無謂矣朱子以屬下昧乎古文辭也蓋和者和順也謂和順於事情也禮之數三千三百雖繁乎亦有窮焉謂有所不周也且王制曰凡居民材必因天地寒煖燥濕廣谷大川異制民生其間者異俗剛柔輕重遲速異齊五味異和器械異制衣服異宜修其教不易其俗齊其政不易其宜曲禮曰君子行禮不求變俗祭祀之禮居

邢昺疏云和謂樂也樂主和同故謂樂爲和

喪之服哭泣之位皆如其國之故是禮之所以貴和也先王之道禮有威儀文物故曰斯爲美小事大事莫不有禮故曰小大由之馬融以來兼和言之爲不成文矣邢昺疏以和爲樂程子范氏據以爲解樂固教和而樂自樂和自和烏可混乎是好言其理而不知言之失也禮先王所作道也非性亦非德漢儒宋儒以爲性非也仁齋先生以爲德亦非也天理之節文人事之儀則宋儒既以天理人欲之說亦能知禮之爲先王所作而欲引之於性故作是言以彌縫之其究猶之佛氏法身徧法

界之義耳。禮之爲體雖嚴。朱子此言。非專言性之本體。亦指先王制禮。其體本嚴。然其失乃在不識體用之非古言也。燕義曰。和寧。禮之用也。此言用禮則國家和寧也。豈體用之用乎。

有子曰信近於義言可復也恭近於禮遠恥辱也因不失其親亦可宗也

【古】復猶覆也義不必信信非義也以其言可反覆故曰近義恭不合禮非禮也以其能遠恥辱故曰近禮也孔安國曰因親也言所親不失其親亦可宗敬

【新】信約信也義者事之宜也復踐言也恭致敬也禮節文也因猶依也宗猶主也言約信而合其宜則言必可踐矣致恭而中其節則能遠恥辱矣所依者不失其可親之人則亦可以宗而主之矣此

言人之言行交際皆當謹之於始而慮其所終不然則因仍苟且之間將有不勝其自失之悔者矣

古義 朱氏曰信約信也復踐言也孔氏曰宗猶敬也言信恭雖善然不合于義禮則必有其弊既近于義禮矣又因而與人不失其和則亦可宗而敬之非止言可復遠恥辱而已也」禮義者人之大閑而百行之所取法也故大人言不必信行不必果唯義之所在所以信近於義然後其言可復也恭而無禮則勞愼而無禮則葸所以恭近於禮然後能遠恥辱也苟能如此則固可謂善矣然硬守堅執不近人情則亦未爲至也故因有此質而亦能與人交不失其親則其學問之熟道德之成既有所守而亦能有容所以亦可宗也

與前章禮之用和爲貴章意相同

徵 信近於義恭近於禮因不失其親此三言引古書載古人之德行也言可復也遠恥辱也亦可宗也此三言有子釋之何以知其然以其辭也且復

約信曰誓見禮記曲禮

恊辱。親恊宗。易象之辭爲爾。信不必訓約信。踐言之謂也。朱子所以訓約信者。下有言可復也。義復不可通故也。是朱子以爲有子論人之言。故不可通矣。且本於約信曰誓。約與信殊義。可謂牽強已。夫學問之道。貴當義。貴踐禮。未聞以近於義近於禮論人者。故朱子以爲有子論人之言者誤矣。蓋言其爲人能踐言。而其所言與先王之義不大相遠。有子贊之曰。若是乎其言誠可踐焉。若或乖先王之義。則欲踐之不可得也。其爲人恭。而與先王之禮不大相遠。有子贊之曰。若是乎必遠恥辱焉。

陳書王元規見列傳二十七儒林

若或違先王之禮則反招恥辱也因亦德行之名與信恭同倫何註因親也按因姻古字通用周禮大司徒六行孝友睦婣任恤鄭註姻親於外親正義此姻對睦施於外親若不對睦亦施於內親故論語云因不失其親喪服傳云與因母同此皆施於內親也是何註訓親之意已又按陳書王元規傳元規八歲而孤兄弟三人隨母依舅氏往臨海郡時年十二郡土豪劉瑱者資財巨萬以女妻之元規母以其兄弟幼弱欲結強援元規泣請曰姻不失親古人所重豈得苟安異壤輒婚非類母感

筆解曰因訓親非也孔失其義觀有若上陳信義恭禮之本下言凡學必因上禮義二說不失親師之道則可

其言而止是因分明作姻可見古註家亦有此說已但因爲六行之一鄭註爲是不失其親親族不離也如失諸侯失民失百姓可見已宗如宗子宗周之宗言人親外族則本宗多離今其爲人能親外族而本親不離有子贊之曰若是乎亦可以歸而奉之焉謂親族宗之也朱子解因猶依也宗猶主也又以不失其可親之人爲解未知何據可謂鑿矣仁齋因字之解本於韓愈筆解亦鑿人或知禮爲先王之禮而不知義爲先王之義矣古人處事必援古義以斷之傳曰詩書義之府是

尊矣
詩書義之府已見
韓曰見原道

其具也。韓退之曰。行而宜之。朱子曰。心之制。事之宜。是皆妄意取諸其臆而曰是義也。夫人人自取諸其臆。嚚然以亂先王之道。道之喪。未必不因是言焉。悲哉。

子曰君子食無求飽居無求安敏於事而慎於言就有道而正焉可謂好學也已

【古】鄭玄曰。學者之志有所不暇」孔安國曰敏疾也。有道。有道德者。正謂問其是非

【新】不求安飽者。志有在而不暇及也。敏於事者。勉其所不足。慎於言者。不敢盡其所有餘也。然猶不敢自是。而必就有道之人。以正其是非。則可謂好學矣。凡言道者。皆謂事物當然之理。人之所共由者也。○尹氏曰。君子之學。能是四者。可謂篤志力行者矣。然不取正於有道。未免有差。如楊墨學仁

義而差者也其流至於無父無君謂之好學可乎

【古義】不求安飽專心致志而汲汲於求道也敏於事者急於行也慎於言者不妄言也又不敢自是必就有道之人以正其是非則可謂眞好學矣此言君子不可不務學也夫好學之益在小人猶爲大況在居大位執大事者乎故以好學爲君子之美稱今夫不求安飽而慎其言動則固可美也然學最難講而道最易差苟師心自用不就有道之人而正焉則是非取捨無所涇渭殆誤其一生者多矣故必就有道而正而後可謂好學也

【徵】食無求飽居無求安敏於事而慎於言是君子之行也然必就有道而正焉而後可謂好學也已小人之志在溫飽君子則否所事天職也不可不敏焉一言出而民知其過也不可不慎焉在上之

人當爾學而成長民之德者當爾故曰君子之行也凡孔子所謂學學先王之道也有道謂身有道藝者也先王之道存焉故就有道而正焉謂之好學也後世不知學宋諸老先生脩身之說勝而先王之道荒遂連上三言爲好學之事其意非不美矣如其辭何既曰君子又曰好學豈可一乎又曰凡言道者皆謂事物當然之理人之所共由者也是又不知道者之言也且是何以解有道也有道有德在古書其義自別不可不知

子貢曰貧而無諂富而無驕何如子曰可也未若貧

而樂富而好禮者也子貢曰詩云如切如磋如琢如磨其斯之謂與子曰賜也始可與言詩已矣告諸往而知來者

【古】孔安國曰未足多」鄭玄曰樂謂志於道不以貧爲憂苦」孔安國云能貧而樂道富而好禮者能自切磋琢磨」孔安國曰諸之也子貢知引詩以成孔子義善取類故然之往告之以貧而樂道來荅以切磋琢磨

【新】諂卑屈也驕矜肆也常人溺於貧富之中而不知所以自守故必有二者之病無諂無驕則知自守矣而未能超乎貧富之外也凡曰可者僅可而有所未盡之辭也樂則心廣體胖而忘其貧好禮則安處善樂循理亦不自知其富矣子貢貨殖蓋先貧後富而嘗用力於自守者故以此爲問而夫子荅之如此蓋許其所已能而勉其所未至也詩衛風淇澳之篇言治骨角者既切之而復磋之治

玉石者既琢之而復磨之治之已精而益求其精也子貢自以無諂無驕爲至矣聞夫子之言又知義理之無窮雖有得焉而未可遽自足也故引是詩以明之」往者其所已言者來者其所未言者○愚按此章問答其淺深高下固不待辨說而明矣然不切則磋無所施不琢則磨無所措故學者雖不可安於小成而不求造道之極致亦不可騖於虛遠而不察切己之實病也

古義 諂佞悅也驕矜肆也子貢以此爲至故問以質之」可者僅可而有所未盡之辭言無諂無驕則固知自守矣然處貧富而無過耳不若貧而樂富而好禮者之飽德樂道而不自知其貧富之爲至也」詩衛風淇澳篇治骨曰切象曰磋玉曰琢石曰磨子貢自以無諂無驕爲至及聞夫子之言又知學問研究之無窮故引詩以贊之也」告往知來謂告之以既往之事則自能知將來之變也詩之妙變化無窮隨取隨有非告往知來者則不能盡詩之情夫子到此始知唯子貢之可與言之也」學者不以貧爲憂而後能樂不以富爲樂而後能好禮適見其飽德樂道而不知貧富之爲貧富也蓋貧

而樂顔子其人也富而好禮周公其人也但貧而樂者卽富而能好禮富而好禮者必貧而能樂非有優劣易地皆然」論曰詩活物也其言初無定義其義初無定準流通變化千彙萬態挹之而愈不竭叩之而愈無窮高者見之而爲之高卑者見之而爲之卑上自王公大人下至於田夫賤隷吉凶憂樂悲歡榮辱各莫不因其情而感通唐棣之詩夫子以明道之在乎至近旱麓之章子思以示道之察乎上下古人讀詩之法葢如此若今經生唯見詩之訓詁事實如何便了則詩之旨委地矣

徵 貧而無諂。富而無驕。子貢自言爲政而使民如此如何。孔子答以未若使民貧而樂。富而好禮者也。以政刑治民。猶足能使民貧而無諂。富而無驕矣。至於以禮樂治民。而後能使民貧而好樂。富而好禮焉。是治之至者也。故孔子云爾。坊記。子云。小

飯疏食述而篇
一簞食雍也篇

人貧斯約。富斯驕。約斯盜。驕斯亂。其次章曰。貧而好樂。富而好禮。衆而以寧者。天下其幾矣。皆以民言之。憲問。奪伯氏駢邑三百。飯疏食沒齒。無怨言。不以稱伯氏而稱管仲。次章曰。貧而無怨難。富而無驕易。亦道使民之難易。則知此章之義。爲爾。樂讀如字。上脫一好字。是後儒因有飯蔬食飲水一簞食一瓢飲而遂誤耳。子貢在孔門爲高第弟子。若以貧而無諂富而無驕爲脩身之至。則豈足以爲子貢乎。大氐後世心學盛。而忘孔子之道爲先王之道。道統之說興。而獨尊曾子。輕視諸賢。故其

爾雅之詁見釋器

又曰見釋訓

弟子職曰先生既息各就其友相切相磋各長其儀

詩大雅棫樸篇

失有若是者焉。骨曰切。象曰磋。玉曰琢。石曰磨。爾雅之詁。誠不可易矣。然又曰。如切如磋者。道學也。如琢如磨者。自脩也。大學同之。是自古義。當從此解。而不必拘骨象玉石之分也。管子弟子職曰。相切相磋。孔安國解詩可以群。而曰群居相切磋。是皆謂朋友相問難也。中庸曰。道問學。則道學亦古言。道當去聲。與導同。世儒訓言非矣。蓋朋友相問難。是所以導于學也。詩曰。追琢其章。金玉其相。學記曰。相觀而善之謂摩。是琢磨以德行言之。故曰自脩。總而言之學也。古之學。禮樂焉耳。子貢引此

易繫辭
戴記祭義

而明化民之道在學也人之於是詩唯以爲學問之事子貢以爲化民之道所以嘆也往者謂其效也來者謂其所由來也貧樂富好禮自切磋琢磨來而切磋琢磨可以往於樂與好禮後儒皆泥往古來今殊不知易過此以往戴記此自大學來者豈可拘乎如朱子之說孔子所已言者頃刻之間豈得謂之往哉理學者流祗知理故謂子貢知義理之無窮而孔子嘆之豈不淺淺乎哉且古人之於詩取義無方諸子之所皆知也何唯子貢乎哉

皇侃本樂下有道來者下有也

子曰不患人之不已知患不知人也

古註 無

新 尹氏曰君子求在我者故不患人之不已知不知人則是非邪正或不能辨故以爲患也

古義 言學者當不患人之不知已之善而患已不知人之善也蓋非善有於已則亦不能知人之善故君子以爲患也」晏嬰之賢而不知孔子荀子之學而不知子思孟子甚乎不知人之爲患也若鮑叔之知管仲蕭何之知韓信似矣然未也非孔子則不知堯舜之當祖述焉非孟子則不知孔子之聖生民以來未嘗有也斯之謂能知人也難矣哉

徵 不患人之不已知。知知命也。患不知人。仁以爲已任也。尹氏曰。求在我者。是非邪正或不能辨。是或若已害然。然人我是非。宋儒窠窟。[illegible]哉。夫學。學先王之道也。學以成德，將用諸世，而世不我知，莫所用之，廼負其初志，學者之患，不亦宜乎？祗君子貴知命，故不患焉耳。苟以在我在人言之，則釋迦達磨所能，豈孔子之心哉？仁以爲己任，故知人者亦將用之也。天或命我以國家，不知人則何以用之？故知人者，將以器使之也。器使之道，天下無棄材。也若以是非邪正言之，則惡惡之心勝，而天下之人皆有罪矣。聖人之道，豈若是乎？學者察諸皇侃本，已知下有也。

論語徵集覽卷之一　終

論語徵集覽卷之二

魏　何晏　集解

宋　朱熹　集註

大日本　藤維楨　古義

物茂卿　徵

從四位侍從源賴寬　輯

爲政第二

子曰爲政以德譬如北辰居其所而衆星共之

古 包氏曰德者無爲猶北辰之不移而衆星拱之

新 政之爲言正也所以正人之不正也德之爲言得也行道而有得於心也北辰北極天之樞也居

其所不動也其向也言衆星四面旋繞而歸向之也爲政以德則無爲而天下歸之其象如此○程子曰爲政以德然後無爲范氏曰爲政以德則不動而化不言而信無爲而成所守者至簡而能御煩所處者至靜而能制動所務者至寡而能服衆

古義　德者仁義禮智之總名北辰北極天之樞也居其所不移也共向也言爲政以德則其象猶北辰居其所而衆星四面旋繞而歸向之也此言爲政以德則無爲而天下歸之也若夫不知爲政以德徒欲以智力持之則勞擾叢雜愈理愈不理此古今之患也後世講經濟之學者不知斯之務徒區區求於儀章制度之間鄙哉○范氏曰爲政以德則不動而化不言而信無爲而成所守者至簡而能御煩所處者至靜而能制動所務者至寡而能服衆

徵　爲政者秉政也如左傳我死子必爲政以德謂用有德之人也秉政而用有德之人不勞而治故

左傳語見昭二十年

皐陶曰見書皐陶謨
顔淵篇曰樊遲問知子曰知人
又家語子貢曰知者知人

舜有臣五人見泰伯篇
選於衆顔淵篇
無爲而治衛靈公篇
股肱良哉元首叢脞哉書益稷

有北辰之喻如舊註有德之人治國也其義雖通不得於辭不可從矣皐陶曰在知人在安民孔子曰知者知人夫仁者大德也而知仁之稱知每居上者安民之道非知人則不能故也故贊聖賢之君必以得聖賢之臣稱之古人知道故其言如此下章道之以德亦是之謂也范氏所守者至簡爲守何也所處者至靜非主一無適之謂邪大似學究作科舉文舜有臣五人而天下治選於衆舉皐陶無爲而治者其舜也與參諸股肱良哉元首叢脞哉則古義明矣

禮記樂記曰禮樂皆得謂之有德鄉飲酒義曰德也者得於身也

政之爲言正也。所以正人之不正也是就政字而發義者。豈不可乎。然不識政謂何。則漫然耳。德之爲言得也。行道而有得於心也。較諸禮樂得於身謂之德。何其霄壤。古書身皆謂我也。佛氏身心之說出。而學者嫌其淺已。禮樂者道藝也。道藝在外。學而成德於我。故曰得於身。古書之言。一字不可易者如此。朱子意。道者當然之理。行之而得於心。枯單哉。且德有達德。有性之德。有有德之人。豈可一訓通哉。

子曰詩三百一言以蔽之曰思無邪

古 孔安國曰篇之大數包氏曰蔽猶當也包氏曰歸於正

新 詩三百十一篇言三百者舉大數也蔽猶蓋也思無邪魯頌駉篇之辭凡詩之言善者可以感發人之善心惡者可以懲創人之逸志其用歸於使人得其情性之正而已然其言微婉且或各因一事而發求其直指全體則未有若此之明且盡者故夫子言詩三百篇而惟此一言足以盡蓋其義其示人之意亦深切矣○程子曰思無邪者誠也范氏曰學者必務知要知要則能守約守約則足以盡博矣經禮三百曲禮三千亦可以一言以蔽之曰毋不敬

古義 詩三百十一篇言三百者舉大數也蔽猶蓋也思無邪魯頌駉篇之辭言詩之為經雖其教無窮然不過使人之所思無邪曲耳思無邪直也夫子讀詩到此有合於其意者故舉而示之以為思無邪一言足以蔽盡詩之義也夫詩夫子之所雅言則豈徒蔽三百篇而已哉雖曰蔽盡夫子之道可也論曰仁義禮智謂之道德人道之本也忠信敬恕謂之脩為所以求至夫道德也故語道德則

以仁爲宗論脩爲必以忠信爲要夫子以思無邪一言蔽三百篇之義者亦主忠信之意先儒或以仁爲論語之要性善爲孟子之要執中爲書之要時爲易之要一經各有一經之要而不相統一不知聖人之道殊歸而同塗一致而百慮其言雖如多端而一以貫之然則思無邪一言實聖學之所以成始而成終也

【徵】詩三百。孔安國曰。篇之大數。包氏曰。蔽猶當也。司馬遷謂詩三千。孔子刪之爲三百。然據論語則孔子時亦唯三百耳。曰刪者。蓋孔子潤色其字句耳。思無邪。包氏曰。歸於正。朱子演之曰。凡詩之言。善者可以感發人之善心。惡者可以懲創人之逸志。其用歸於使人得其情性之正而已。其說至於

司馬遷謂見史記孔子世家

知新日錄云。秦火後詩多散亡。漢儒取淫詩以足三百篇之數耳。

桑間濮上而窮矣。遂有鄭衛孔子所刪而漢儒取以足三百之疑也。殊不知孔子語所以取於詩之方耳。詩之義多端。不可爲典要。古之取義於詩者。亦唯心所欲。祇其思無邪。是孔子之心也。欲取義於詩者。必有所思。故曰思。後儒以情性解之。豈思字之義乎。邪如奇衺之衺。謂務奇功以踰先王之道也。其在詩。本言魯侯之思不淫奇邪。以致騋牝三千之盛已。程子曰。思無邪者誠也。仁齋先生曰。直也。可謂不知字義矣。范氏曰。學者必務知要。守約則足以盡博矣。可謂妄矣。古云博學於文。約之

儒者之道博而寡要見史記自叙傳

以禮謂約之於身耳。未聞先約者也。且三千三百之禮。豈要約之義乎。乃至以毋不敬蔽禮。以時蔽易。以欽蔽書。亂道極矣。夫毋不敬。果能盡乎禮。時果能盡乎易。三千三百。三百八十四。亦何聖人之迂潤也。儒者之道。博而寡要。是司馬遷主黃老而言之。雖譏之乎。其去古未遠。亦能形容聖人之道者矣。夫古之取諸詩。唯心所欲。故聖人恐其流於邪也。是孔子所以言之。宋儒效顰子雲之法言。太玄哉。皇侃本蔽作弊。

子曰道之以政齊之以刑民免而無恥道之以德齊

之以禮有恥且格

古 孔安國曰政謂法教馬融曰齊整之以刑罰孔安國曰免苟免包氏曰德謂道德格正也

新 道猶引導謂先之也政謂法制禁令也齊所以一之也道之而不從者有刑以一之也免而無恥謂苟免刑罰而無所羞愧蓋雖不敢爲惡而爲惡之心未嘗亡也禮謂制度品節也格至也言躬行以率之則民固有所觀感而興起矣而其淺深厚薄之不一者又有禮以一之則民恥於不善而又有以至於善也一說格正也書曰格其非心○愚謂政者爲治之具刑者輔治之法德禮則所以出治之本而德又禮之本也此其相爲終始雖不可以偏廢然政刑能使民遠罪而已德禮之效則有以使民日遷善而不自知故治民者不可徒恃其末又當深探其本也

古義 道猶引導謂先之也政謂法制禁令也齊所以一之也道之而不從者有刑以一之也免而無恥謂苟免刑罰而無所羞愧道之以德者孟子所謂謹庠序之教申之以孝悌之義也禮謂制度品

節也格正也言民有所羞恥又能自修而歸于正也道之以政者禁其邪志齊之以刑者繩其犯法皆以法而不以德故雖使民不敢爲惡而爲惡之心未嘗息也道之以德者養其德性齊之以禮者勵其行義皆以德而不以法然民有所觀感羞恥而雖使之爲惡而不敢爲蓋政刑之功銷迹而其效小也德禮之效似緩而其化大也其效小故治遂不成其化大故其治愈久而無窮此風俗醇醲之所由分國祚脩短之所由判王霸之別專在于此先王非偏恃德禮而廢政刑也特其所恃者在此而不在彼耳

徵道之以政齊之以刑亦謂先王之政刑也雖用先王之政刑而不用德禮則民僅免刑戮耳廉恥之意何由而生哉道之以德謂用有德之人也則民有所感化是之謂道之也猶有所不齊故以禮

齊之焉先王之道皆爾後世不知德字之義以已之德解之非矣若已無德則政刑亦不能用之矣無德而用政刑則民無所措手足矣何免之有蓋徒用政刑者其意在急治民使不爲非也用德禮者其思遠矣哉先王之道是爲尚焉學者思諸有恥且格古註訓正未是朱子訓至爲是然亦有感格意蓋感格聲音相通故古昔格字多用之於皇天鬼神宗廟又如有苗格皆有感格意格其非心亦有感動意免而無恥免者謂免於刑戮也如難乎免於今之世矣而今而後吾知免夫幸而免皆

有苗格見書大禹謨
格其非心見書冏命
難乎免於今之世矣見雍也篇
吾知免夫泰伯

篇幸而免雍也篇

爾。道之以政。齊之以刑。亦能使民免於刑戮也。不止。謂民有苟免之意。

子曰。吾十有五而志于學。三十而立。四十而不惑。五十而知天命。六十而耳順。七十而從心所欲不踰矩。

古 有所成也。孔安國曰。不疑惑。孔安國曰。知天命之終始。鄭玄曰。耳聞其言而知其微旨。馬融曰。矩法也。從心所欲無非法。

新 古者十五而入大學。心之所之謂之志。此所謂學。即大學之道也。志乎此。則念念在此而爲之不厭矣。有以自立。則守之固而無所事志矣。於事物之所當然皆無所疑。則知之明而無所事守矣。天命即天道之流行而賦於物者。乃事物所以當然之故也。知此則知極其精。而不惑又不足言矣。聲入心通。無所違逆。知之之至。不思而得也。從隨也。矩法度之器。所以爲方者也。隨其心之所欲而自不過於法度安而行之不勉而中也○程子曰孔子生而知者也言亦由學而至所以勉進後人也立能自立於斯道也不惑則無所疑矣知天命窮理盡性也耳順所聞皆通也從心所欲不踰矩則不勉而中矣又曰孔子自言其進德之序如此者聖人未必然但爲學者立法使之盈科而後進成章而後達耳胡氏曰聖人之教亦多術然其要使人不失其本心而已欲得此心者唯志乎聖人所示之學循其序而進焉至於一疵不存萬理明盡之後則其日用之間本心瑩然隨所意欲莫非至理蓋心即體欲即用體即道用即義聲爲律而身爲度矣又曰聖人言此一以示學者當優游涵泳不可躐等而進二以示學者當日就月將不可半塗而廢也愚謂聖人生知安行固無積累之漸然其心未嘗自謂已至此也是其日用之間必有獨覺其進而人不及知者故因其近似以自名欲學者以是爲則而自勉非心實自聖而姑爲是退託也後凡言謙詞之屬意皆放此

古義 堯舜禹湯文武周公治天下之大經大法謂之道志於學者欲以其道修己治人爲天下開太

乎也立者自立于道也學既爲已有而不爲利祿邪說所變移搖動也不惑謂心之所思欲自得其理而不惑於是非之間也後篇曰既欲其生又欲其死是惑也又曰一朝之忿忘其身以及其親非惑歟照此二語則自曉惑字之義天者莫之爲而爲命者莫之致而至皆非人力之所能及惟善可以獲乎天惟德可以膺乎命知此則務於自脩而不萌一毫希望之心此智致其精而學到至處也耳順者毀譽之來耳受而不逆也言向也雖已知天命然毀譽之入于耳猶有所礙然到此則一切漠然不覺其入也矩法度之器所以爲方者也雖隨其心之所欲而自不過於法度蓋聖而不可知之境道與我一也此夫子自陳其平生學問履歷以示人也先言其志于學者蓋言雖聖人之資必待學問然後有所至以歸功於學問也自立而至於不踰矩是其效也夫聖人生知安行而其有階級者何哉道之無窮故學亦無窮唯聖人極誠無妄日新不已自少到老自不失其度故能覺其進而自信其然蓋人之於一生自少而壯而老年到于此則其智自別雖聖人之資不能無老少之異

焉則又不能無老少之別猶天之有四時自春而夏而秋而冬其寒煖溫涼自應其節此聖人生知安行之妙而所以與天地合其德與日月合其明與四時合其序也徒曰為學者立法者非矣論曰孟子既歿斯道不明乎天下世儒之所講求者不過訓詁文字之間及宋氏與鉅儒輩出宗正黜邪漢唐之陋為之一洗其功固偉矣然當時禪學盛行以其遺說解聖人之旨者不為不少於是專貴一心而以明鏡止水為脩身之極功胡氏云一疵不存萬理明盡隨所意欲莫非至理是也夫操則存舍則亾出入無時莫知其鄉心之不可恃而不可不道以存之如此故夫子之聖猶至七十始曰從心所欲不踰矩蓋聖德之至從容中道而非一疵不存萬理明盡之謂也

徵古者十五而入大學。或曰十三。大槩言之耳。蓋男子二八而精通。有為人父之道。當是時。士大夫之子志為士大夫。農工商賈之子志為農工商賈。

昭公十九有童心見左傳襄三十一年

禮記曲禮曰三十曰壯有室受田稱丈夫及餘夫說詳周禮孟子

註禮記曲禮曰四十曰強而仕內則曰四十始仕方物出謀發慮內則曰五十命爲大夫王制五十而爵王制曰五十始衰

知我者其天乎憲問篇

其無志者亦衆矣。廼如昭公十九有童心是也。志者。其心所專注也。志于學云者。孔子在學而有所志也。三十而受室受田。始稱一夫。前是則餘夫也。是雖庶人。尚有所成立也。孔子之立。謂學之成也。四十曰強。仕。出謀發慮。非不惑則何以能爾。不惑云者。莫有爲所惑亂也。五十命爲大夫。五十而爵。以行先王之道於其國。學之效。至是而極矣。然五十始衰。故自此之後。不可復有所營爲。故五十而爵不至。有以知天命也。孔子又曰知我者其天乎。知天之命。我以傳先王之道於後也。六十而耳順。

大德不踰閑子張篇

七十貳膳以下共見禮記王制

言天下莫有逆耳之言也。然彼豈無逆耳之言乎。我之不以爲逆也。故曰耳順。蓋聖人能盡人之性。故人雖有逆耳之言。其心以爲彼之過不亦宜乎。是雖常人。其當事不怒。唯老成人爲然。亦可以窺聖人焉。傳曰。七十貳膳。杖於國。不俟朝。不與賓客之事。致政。唯衰麻爲喪。此雖先王養老之制。然老者所以受異數而自安者。爲其精神筋力皆衰故也。故老後放縱人之常也。孔子七十。從心所欲亦放縱耳。祗其不踰矩。所以爲聖人也。不踰矩。猶之大德不踰閑。閑以防閑。言其大者也。矩者法度之

器言其精也是皆孔子所自言亦常人所能聖人豈遠人而爲道乎宋儒之解過乎高妙所以盭乎聖人之道而流乎佛老也

孟懿子問孝子曰無違樊遲御子告之曰孟孫問孝於我我對曰無違樊遲曰何謂也子曰生事之以禮死葬之以禮祭之以禮

古孔安國曰魯大夫仲孫何忌懿謚也鄭玄曰恐孟孫不曉無違之意將問於樊遲故告之樊遲弟子樊須也

新孟懿子魯大夫仲孫氏名何忌無違謂不背於理樊遲孔子弟子名須御爲孔子御車也孟孫即仲孫也夫子以懿子未達而不能問恐其失指而以從親之令爲孝故語樊遲以發之生事葬祭事

親之始終具矣禮即理之節文也人之事親自始至終一於禮而不苟其尊親也至矣是時三家僭禮故夫子以是警之然語意渾然又若不專爲三家發者所以爲聖人之言也○胡氏曰人之欲孝其親心雖無窮而分則有限得爲而不爲與不得爲而爲之均於不孝所謂以禮者爲其所得爲者而已矣

古義 孟懿子魯大夫仲孫氏名何忌無違謂無違於禮也樊遲孔子弟子名須御爲孔子御車也孟孫即仲孫也夫子又恐懿子不達無違之旨故語樊遲以發其意生事以禮之爲孝猶或知之至於葬祭以禮之爲孝則其所不能知焉故夫子爲懿子丁寧之也夫孝者不以飲食奉養爲至而以立身行道爲要故生事葬祭皆無違于禮則孝親之道盡矣蓋富而好禮善之至也懿子魯之世卿而民所具瞻故夫子以此告之況生時之孝猶易爲力至於没後之孝則非躬自盡道光其先業丕裕後昆者則不能故曰葬之以禮祭之以禮實孟氏之藥石哉

敬不違見里仁篇
曾子曰見禮記內則

徵無違者。無違於親之心也。如又敬不違。勞而不怨。及曾子曰。孝子之養老也。樂其心。不違其志。樂其耳目。安其寢處。以其飲食忠養之。是孝道之常也。孟懿子問孝。孔子以其常者語之。既語之後。乃慮其僭禮之家。一意無違親志。則有傷人臣之道。孝非其孝也。故語樊遲以發之。使以禮爲孝之則焉。蓋先王制事親之禮。其於無違親志之道。莫至焉。故前後之言。自相發耳。然前言語其常。後言防其僭。其意自殊焉。世儒多以前言若一時漫然不之省者。而嫌於失言。故或以不違理。或以不違禮

顏子曰見子罕篇

解之果其解之是乎夫子當首語之以禮何必爲此歇後語故難人哉夫孝以養志爲至苟不知此而先以禮臨親乎烏可謂之孝乎況以不違理爲心者乎非嚴威儼恪則是非鋒生不孝之大者也大氐聖人之教人自有次第故顏子曰夫子循循然善誘人後儒識淺性急烏知之哉

孟武伯問孝子曰父母唯其疾之憂

古 馬融曰武伯懿子之子仲孫彘武謚也言孝子不妄爲非唯疾病然後使父母憂耳

新 武伯懿子之子名彘言父母愛子之心無所不至惟恐其有疾病常以爲憂也人子體此而以父母之心爲心則凡所以守其身者自不容於不謹矣豈不可以爲孝乎舊說人子能使父母不以其

陷於不義爲憂而獨以其疾爲憂乃可謂孝亦通

古義 武伯懿子之子名彘人子事父母之間其當憂者甚多矣然不若疾病之最爲可憂也父母已老則侍養之日既少況一旦染病則雖欲爲孝不可得也故以父母之疾爲憂則愛日之誠自不能已而愛慕之心無所不至雖欲不爲孝得乎所以警武伯者深矣○武伯父子俱爲魯之卿而告懿子者其義大矣告武伯者其意切矣告懿子者蓋夫子之特旨而非常人之所能及故重告樊遲丁寧之學者當深翫焉

徵 父母唯其疾之憂古註言孝子不妄爲非唯疾病然後使父母憂朱註言父母愛子之心無所不至唯恐其有疾病常以爲憂也人子體此而以父母之心爲心則凡所以守其身者自不容於不謹

矣。未審武伯爲人何如。安知二説孰爲當乎。然父母豈唯疾之憂哉。且孟武伯問孝。而孔子答以父母之心。豈理乎哉。且使孟武伯不知以不貽父母憂爲孝。則孔子之答。不亦迂乎。若使孟武伯知之。則不俟孔子之答矣。由是觀之。舊註爲優。大氐宋儒動輒求諸心。是其深痼。時時發見耳。

子游問孝子曰今之孝者是謂能養至於犬馬皆能有養不敬何以別乎

古　孔安國曰子游弟子姓言名偃包氏曰犬以守禦馬以代勞能養人者一曰人之所養乃能至於犬馬不敬則無以別孟子曰養而弗愛豕畜也愛而弗敬獸畜也

【新】子游孔子弟子姓言名偃養謂飲食供奉也犬馬待人而食亦若養然言人畜犬馬皆能有以養之若能養其親而敬不至則與養犬馬者何異甚言不敬之罪所以深警之也○胡氏曰世俗事親能養足矣狎恩恃愛而不知其漸流於不敬則非小失也子游聖門高弟未必至此聖人直恐其愛踰於敬故以是深警發之也

【古義】子游孔子弟子姓言名偃養謂飲食供奉也敬者敬其事也言古人所謂孝者其事固大矣在今時人唯謂能養爲孝亦未爲不可也然子弟婢僕以至於犬馬之賤皆有養之而不使其至死亡苟養親而敬不至焉則與夫養卑賤者何所分別乎所謂敬者左右使令昏定晨省至於飲食衣服寒暖之節敬而不怠是也此夫子因子游之問而戒世之事親者多流於不敬而不自知也觀今之孝者可見矣聖人答門弟子之問而就其人之病而警之然又或有因門人之問而廣爲世戒者若此章是也不可執一而泥焉

孟子離婁篇曰君之視臣如犬馬則臣視君如國人君之視臣如土芥則臣視君如寇讎

徵 今之孝者是謂能養言今世所謂孝者非孝也能養也是謂云者命之云爾至於犬馬皆能有養包氏曰犬以守禦馬以代勞皆養人者爲是如後說則皆能有養不可得而解矣且比親於犬馬聖人之言不若是其鄙也古君子禮樂以成德故其言君子也至於孟子路人其君寇讎其君是禮樂壞而君子之言有不君子者焉

子夏問孝子曰色難有事弟子服其勞有酒食先生饌曾是以爲孝乎

古 包氏曰色難者謂承順父母顏色乃爲難也馬融曰先生謂父兄饌飲食也馬融曰孔子喻子夏

曰服勞先食汝謂此爲孝乎未孝也承順父母顔色乃爲孝也

【新】色難謂事親之際惟色爲難也食飯也先生父兄也饌飲食之也曾猶嘗也蓋孝子之有深愛者必有和氣有和氣者必有愉色有愉色者必有婉容故事親之際惟色爲難耳服勞奉養未足爲孝也舊說承順父母之色爲難亦通○程子曰告懿子告衆人者也告武伯者以其人多可憂之事子游能養而或失於敬子夏能直義而或少温潤之色各因其材之高下與其所失而告之故不同也

【古義】謂事親之際惟有愉色爲難先生父兄也饌飲食之也曾則也言服勞奉養乃事親之常未足爲孝也事親之道愛敬爲本矣然敬猶或可勉而能至於愉色則非誠有深愛而終始不衰者不能故曰色難先儒謂子夏能直義而或少温潤之色故告之蓋就子夏之所不足而誡之也○道愈虛則言愈高德愈實則言愈卑自然之符也故天下之言得能爲其高而不能爲卑無其德也若武伯問孝以下三章天下之言莫卑於此亦莫實於此惟孔子能言之而他人之所不能言焉所以爲聖

戴記祭義

言也

徵 色難。朱註引戴記。爲勝。包咸謂承順父母顏色。乃爲難。何以見承順之意乎。皇疏。曾猶嘗也。古者曾皆訓乃。而訓嘗者。唯墨子有之。味文意。訓乃爲是。

子曰吾與回言終日不違如愚退而省其私亦足以發回也不愚

古 孔安國曰回弟子姓顏名回字子淵魯人也不違者無所怪問於孔子之言默而識之如愚孔安國曰察其退還與二三子說繹道義發明大體知其不愚

新 回孔子弟子姓顏字子淵不違者意不相背有聽受而無問難也私謂燕居獨處非進見請問之

時發謂發明所言之理愚聞之師曰顏子深潛純粹其於聖人體段已具其聞夫子之言默識心融觸處洞然自有條理故終日言但見其不違如愚人而已及退省其私則見其日用動靜語默之間皆足以發明夫子之道坦然由之而無疑然後知其不愚也

古義 回孔子弟子姓顏字子淵夫子與之言終日之間無一言之違逆如愚者然有聽受而無問難也私謂燕居獨處非進見請問之時言及省其私亦足以發揮夫子之道故夫子深喜之又言不愚以明前言如愚者乃其所不可及也此夫子稱顏子不事聰明深造妙契非常人之所能及也聖人終日之談皆平淡易直無駭人之聽聞者顏子聽明一聞之則實有以知其包天地貫古今無復餘蘊不啻若口之悅芻豢故其所與言者不待問辨詰難而發露乎言行之間猶艸木之經時雨而勃然興起非若他人聽了便休也夫子及乎省其私而便知其然故曰回也不愚重歎之也夫其智之可見者智之未深者也智而不可見乃是智之最深者也譬諸川流之淺雖其勢駛漲猶或可涉淵

公冶長篇曰焉不如丘之好學也雍也篇曰有顏回者好學

孔子曰見述而篇

顏子曰已見

海之深深汪洋乎不可測也所謂如愚者是也非去智絕聖昏默守愚之謂其不事聰明是其智之所以愈深也

【徵】終日不違如愚。孔安國曰：不違者，無所怪問於孔子之言，默而識之，如愚。漢儒解經，多古來相傳之說，如此。蓋孔子以好學自稱，又以稱顏子。夫學問之道，一意從事先王之教，而不用其智力，以竢油然生焉。故孔子曰：默而識之，學而不厭，誨人不倦，何有於我哉。顏子亦曰：夫子循循然善誘人，博我以文，約我以禮，欲罷不能，既竭吾才。諸子性急，欲得諸孔子言下。顏子則不然，待其自然來集，故顔子雖頴悟。然學問之道本然矣。非好學之至。何以能一意從事夫子之教乎。故稱其頴悟而不稱其好學者。不信聖人之言者也。孔安國曰。察其退還與二三子說繹道義。發明大體。知其不愚。朱子曰。及退省其私。則見其日用動靜語默之間。皆足以發明夫子之道。坦然由之而無疑。朱子以爲孔子退省其燕私之時。是退屬孔子。爲不穩。孔安國以爲顔子退去之後。孔子察其嘗與二三子私語者。極爲穩當。何則。私爲私語。見左傳。其在論語。如子夏告樊遲。舜選於衆。舉皐陶。曾子告門人忠恕。

左傳襄二十六年。國子使晏平仲私於叔向。注曰。私與叔向語。此類多見。
子夏告樊遲。見顔淵篇。

曾子告門人見里仁篇　憤悱啟發見述而篇

而已矣。是其類也。發如憤悱啟發之發。謂其足以啟發二三子也。朱子日用動靜語默之説。其意以道爲當然之理。而不知爲先王之道。以其心學之見視孔顏故也。且所謂坦然由之而無疑者。豈得謂之發乎。且何緣而見其坦然由之而無疑也。皆文外生義。豈不妄哉。

子曰。視其所以。觀其所由。察其所安。人焉廋哉。人焉廋哉。

古 以。用也。言視其所行用。由。經也。言觀其所經從。孔安國曰。廋。匿也。言觀人終始。安所匿其情也。

新 以。爲也。爲善者爲君子。爲惡者爲小人。觀比視爲詳矣。由。從也。事雖爲善。而意之所從來者有未善焉則亦不得爲君子矣或曰由行也謂所以行其所爲者也察則又加詳矣安所樂也所由雖善而心之所樂者不在於是則亦僞耳豈能久而不變哉焉何也廋匿也重言以深明之○程子曰在已者能知言窮理則能以此察人如聖人也

古義 朱氏曰以爲也爲善爲君子爲惡爲小人觀此視爲詳矣由從也事雖爲善而意之所從來者有未善焉則亦不得爲君子矣察則又加詳矣安所樂也所由雖善而心之所樂者不在於是則亦矜持耳豈能久而不變哉焉何也廋匿也重言以深明之君之於臣人之於朋友其所倚賴甚大不可不慎所擇夫人之難知堯舜其猶病諸至佞似才至奸似直諂諛者似忠矜持者似德故我明不足以察之則必至於以黑爲白以枉爲直小人爲君子君子爲小人而政事日非身辱國亡可不懼哉

徵 人焉廋哉。孟子亦言之。孟子聽訟之法此則以

不我以詩召南
江有汜
不使大臣怨乎
不以微子篇

察國君之道蓋訟之道度其情實國君之賢否其臣亦度之故也說者以爲知人之法窮措大哉古註以用也或曰如不我以之以訓與則視其所與謀國者何人也義同又如不使大臣怨乎不以是其証朱子訓爲豈有是哉觀其所由者觀其所由何道也司馬相如封禪文愼所由於前謹遺教於後耳所由與遺教對其爲道術者審矣古註訓經朱註訓從訓行皆不知而爲之說者所安者謂其心所安逸也蓋欲知國君之善惡者先視其所用之人賢否而大槩可知已所用賢則賢否則否是

其至易見者，故曰視也。次觀其所由之道術何如。或先王之道，或五伯之道，或戎貊之道，或刑名之道。是非歷觀其政事民俗則不可見者，故曰觀也。次察其心所安佚者何如。或仁義，或財利，或聲色，或田獵。是非深察其君行事則不可見者，故曰察也。賢者之擇君，或爲其君與鄰國交，皆不可以不知其賢否，故孔子言之。朱註視觀察徒以爲詳略之分，可謂不知字義已。程子欲以此察常人而不可得矣。則謂必知言窮理而後此法可用焉。是以孔子爲未足者也。且人人而欲察之，豈聖人之用心哉。

子曰溫故而知新可以爲師矣

古 溫尋也尋繹故者又知新者可以爲人師矣

新 溫尋繹也故者舊所聞新者今所得言學能時習舊聞而每有新得則所學在我而其應不窮故可以爲人師若夫記問之學則無得於心而所知有限故學記譏其不足以爲人師正與此意互相發也

古義 溫尋也溫故而知新者尋繹舊聞而時有新益也此言師道之甚難也人之爲學不溫故則必忘其所能不知新則無得其所以益天下之事無限而天下之變無窮苟能尋繹舊聞而復有新得則應之愈不竭施之當其可而後可以爲人之師矣夫師者人之模範也人材之所由成就世道之所由維持以韋帶之賤與人君並稱其責甚重其任甚大可不謹乎

左傳哀十二年

禮記曲禮曰君子行禮不求變俗祭祀之禮居喪之服哭泣之位皆如其國之故

易繫辭曰通天下之故又曰知幽明之故周禮小行人曰周知

徵温故而知新何晏曰温尋也尋繹故者皇侃引温燖又見中庸鄭玄註温讀如燖温之温謂故學之熟矣後時習之謂之温左傳尋盟賈逵註云尋温也猶若温燖故食也是温訓尋廼古來相傳之說尋燖古字通用習之義也何晏不識以尋繹言之朱子仍之可謂粗鹵已故者邢疏曰舊所學得朱子曰舊所聞是皆據字義解非也如國之故天下之故幽明之故皆明有所指蓋如典故故實之故凡先世所傳者皆謂之故先世所傳即我所學則邢朱如無害然不知古言而以字解之推諸它

天下之故

書有所不通。學者案諸。新者。古人所不書。先師所不傳也。事變無窮。非能知此。則不足爲人師也。

子曰君子不器

古 包氏曰器者各周其用至於君子無所不施

新 器者各適其用而不能相通成德之士體無不具故用無不周非特爲一材一藝而已

古義 器者用而有適之謂言君子之德可大用而不可小用君子雖道宏德邵無施不可然或有於事不能者若孔子不學軍旅不能辭命之類可謂不適其用矣然而論聖人之才之德則不在是故曰君子不可小知而可大受也若夫廣綜衆藝精幹小事者人之所悅而致遠恐泥不可以此論君子也

徵 君子不器。包咸曰。器者各周其用。至於君子。無所不施朱註因之學記曰鼓無當於五聲五聲弗得不和水無當於五色五色弗得不章學無當於五官五官弗得不治師無當於五服五服弗得不親君子曰大德不官大道不器大信不約大時不齊察於此四者可以有志於本矣不器見于此大氐學以成器器以性殊故喻以切磋琢磨故用人之道器使之君子者長民之德所以用器者也故曰不器器者百官也君子者君與卿也譬諸良醫用藥良匠用椎鑿藥與椎鑿者器也毉匠者君子也故知包咸所謂無所不施者非矣究其說必至

於不用器而自用而極焉。元首叢脞哉。職此之由。宋儒乃曰。孟子唯可以爲賓師。孔子則無不可也。妄哉言。

子貢問君子子曰先行其言而後從之

古 孔安國曰疾小人多言而行之不周

新 周氏曰先行其言者行之於未言之前而後從之者言之於既行之後○范氏曰子貢之患非言之艱而行之艱故告之以此

古義 張氏栻曰君子主於行而非以言爲先也故言之所發乃其力行所至而言隨之也夫主於行而後言者爲君子則夫易於言而行不踐者是小人之歸矣

徵 君子長民之德也。仁以爲己任。在行之而已。故先行其言而後從之。行之艱。豈易言之哉。故惡夫佞者。

子曰君子周而不比小人比而不周

古 孔安國曰忠信爲周阿黨爲比

新 周普徧也比偏黨也皆與人親厚之意但周公而此私耳○君子小人所爲不同如陰陽晝夜每每相反然究其所以分則在公私之際毫釐之差耳故聖人於周比和同驕泰之屬常對舉而互言之欲學者察乎兩閒而審其取舍之幾也

古義 周普徧也比偏黨也皆就所與人親厚而言之此言君子小人用心之別也學問之要在辨君子小人趣向如何否則欲爲君子而反爲小人之歸者多矣論語每以君子小人對舉而論之者蓋爲學者示其嚮方也

魯語曰忠信爲周
書泰誓

徵孔安國曰忠信爲周阿黨爲比本諸魯語又書曰雖有周親不如仁人皆古言也朱子既以普徧解之又云與人親厚之意但周公而比私耳蓋周訓普徧者一義訓親者一義可謂支矣蓋親厚之道勢難普徧必也爲人謀而忠與朋友交而信庶足以無比黨之私已古之道也朱子又謂君子小人之分在公私之際毫釐之差耳是誠然然亦未已盖君子者在上之德其心在安民故公小人者細民之稱其心在營已故私若不求諸安民之道忠信之義而一意欲普徧其弊必至於鄉原一意

天地不仁聖人不仁老子第五章

欲公○其弊必至於老莊天地不仁聖人不仁而極焉○不可不察○

子曰學而不思則罔思而不學則殆

古 包氏曰學而不尋思其義理則罔然無所得也不學而思終卒不得徒使人精神疲殆也

新 不求諸心故昏而無得不習其事故危而不安○程子曰博學審問愼思明辨篤行五者廢其一非學也

古義 稽於古訓之謂學求于己心之謂思會天下之善而一之者學之功也極深研幾與鬼神同功者思之至也學之功也實思之至也神學而不思則實無所得故罔思而不學則師心自用故殆是故非思則無以能學非學則無以達思兩者相待而後得成也又曰古之學者所思多於所學今之學者所學多於所思而古人所謂學與今人所謂學者亦大異矣此亦不可不察也

皇疏一通曰罔誣罔也言既不精思至於行用乖僻是誣罔聖人之道也多見闕殆本篇

徵 學而不思則罔罔誣也皇疏一通有之蓋學而不思則不知其義必至於非禮爲禮非義爲義上誣先聖下罔時人也思而不學則殆如多見闕殆之殆精思之至雖有所得苟不由先王之道迷而顛復時冐榛棘不能坦然由之無疑也包咸罔然無所得何晏徒使人疲殆皆非古言

子曰攻乎異端斯害也已

古 攻治也善道有統故殊塗而同歸異端不同歸也

新 范氏曰攻專治也故治木石金玉之工曰攻異端非聖人之道而別爲一端如楊墨是也其率天下至於無父無君專治而欲精之爲害甚矣○程子曰佛氏之言比之楊墨尤爲近理所以其害爲

尤甚學者當如淫聲美色以遠之不爾則駸駸然入於其中矣

【古義】攻治也異端古之方語謂其端相異而不一也言不用力於根本而徒治其端之所異則無益而有害也言學問之道用力其本則末自治焉徒脩其末則必遺其本必然之理也後世之學不用力於道德仁義而徒從事於記誦詞章爭其多寡較其短長此亦攻異端之類焉耳本末倒置輕重易所其害有不可勝言者也論曰異端之稱自古有之後人專指佛老之教為異端者誤矣孟子之時或稱邪說暴行或直稱楊墨之徒可見其時猶未有異端之稱若夫佛老之教即所謂邪說暴行而亦在異端之上豈待攻而後有害耶

【徵】攻乎異端古註攻治也善道有統故殊塗而同歸異端不同歸也異端雖無明解與善道對言故正義曰謂諸子百家之書也朱子因之旁及佛老

周禮考工記

鳴鼓而攻之先進篇

家語辯政篇

然孔子之時豈有諸子百家哉且攻治也本諸周禮攻金之工攻木之工謂治而成器也故攻字可用諸學者不可用諸道藝故治六經古無是言況有治諸子百家而成之之理哉蓋攻如鳴鼓而攻之之攻異端猶諸漢晉諸史多謂人懷異心者乃多岐之謂也人之懷異心遽以攻之必至激變故孔子誡之異端字不它見獨見論語家語而家語註猶多端也乃孔安國王肅輩必有此解故諸史所用依其解已魏篡漢祚以攻異端爲務何晏集解據序文非何氏私書孫邕鄭冲曹羲荀顗何晏

可謂好學也已學而篇孤樹裒談曰高廟看書議論英發且排朱文公集註每儒臣進論語等書必有辨說辨曰攻是攻城之攻已止也孔子之意蓋謂攻去異端則邪說之害止而正道可行宋儒乃以攻爲專治而欲精之爲害也甚豈不謬哉

署名則必奉魏帝勅而作者。如唐正義明大全耳。故避時忌諱。特設新義。後儒不察。遂爲定說也已。如可謂好學也已。明祖解已爲止。此方學者復有解已爲甚者。皆可謂誤矣。

子曰由誨汝知之乎知之爲知之不知爲不知是知也

古孔安國曰弟子姓仲名由字子路

新由孔子弟子姓仲字子路子路好勇蓋有強其所不知以爲知者故夫子告之曰我教女以知之之道乎但所知者則以爲知所不知者則以爲不知如此則雖或不能盡知而無自欺之蔽亦不害其爲知矣況由此而求之又有可知之理乎

古義由孔子弟子姓仲字子路子路性剛以盡知天下之事爲知故夫子告之曰汝所爲知之者未必眞知之今誨汝知之者乎其所知者自以爲知所不知者便以爲不知是謂之知也蓋知者務知其所當知者而知而無益者不必求知之以其不在盡知天下之事也天下之事無窮而一人之知有限況事之多端有可得而知者有不可得而知者矣欲知不可得而知者則失之鑿矣雖可得而知者欲盡知之則流于濫矣故曰君子於其所不知蓋闕如也不以盡知天下之事爲知故也孟子曰堯舜之知而不徧物急先務也是堯舜所以爲大聖而學者所當取法也後之儒者動欲盡知天下之事是欲能堯舜之所不能其得爲智哉

徵知之爲知之。不知爲不知。語知人之方也。蓋門人以意錄孔子之言。而不錄其所由。故後人難其解。遂鑿耳。此章之言。與答仲弓舉爾所知正相發矣。古來註家。皆以爲孔子語學問之道。夫以不知爲知者。不知之失也。苟使其人知。豈有此病乎。且不知爲不知。止而不求知。則學問之道廢矣。且子路非好知之人也。孔子豈然乎。且知人者政事之所急。故強求知其所不知。勢之所必至。故孔子於仲弓於子路。以此告之耳。後世儒者與孔門諸子學問自別。故動求諸己。且如諸家說。知之二字終不穩。皇侃本作不知之爲不知。

子張學干祿。子曰。多聞闕疑。慎言其餘。則寡尤。多見闕殆。慎行其餘。則寡悔。言寡尤。行寡悔。祿在其中矣。

古 鄭玄曰弟子姓顓孫名師字子張干求也祿祿位也」包氏曰尤過也疑則闕之其餘不疑猶慎言之則少過」包氏曰殆危也所見危者闕而不行則少悔」鄭玄曰言行如此雖不得祿亦同得祿之道

新 子張孔子弟子姓顓孫名師干求也祿仕者之奉也」呂氏曰疑者所未信殆者所未安程子曰尤罪自外至者也悔理自內出者也愚謂多聞見者學之博闕疑殆者擇之精慎言行者守之約凡言在其中者皆不求而自至之辭言此以救子張之失而進之也○程子曰脩天爵則人爵至君子言行能謹得祿之道也子張學干祿故告之以此使定其心而不爲利祿動若顏閔則無此問矣或疑如此亦有不得祿者孔子蓋曰耕也餒在其中惟理可爲者爲之而已矣

古義 子張孔子弟子姓顓孫名師干求也朱氏曰祿仕者之俸也」呂氏曰疑者所未信殆者所未安尤過也」祿在其中者謂不爲人所棄而衣食自給也非必指受穀而言之也」得于學問者深而周得于見聞者近而實子張既知學故夫子舉得于見聞者告之蓋多見聞則足廣其智而有所則傚而

餒在見衛靈公篇直在子路篇仁在子張篇樂亦在其中述而篇請學農圃子路篇

亦必闕疑殆而愼言行則外無受人之尤內無生已之悔言行有實而足爲人之所信孰敢不服從亦孰敢不爲引是祿在其中也

徵 祿在其中。餒在其中。直在其中。仁在其中。皆謂爲此而得彼也。樂亦在其中。謂此彼皆有也。學干祿者。學干祿之道也。與請學農圃類同。孔子所答。以愼言行也。見見君子之所行。聞聞君子之所言。疑與殆。以已言之。非謂所見聞君子之言行未善也。闕云者。姑闕之而竢已心之信焉。安焉。不取諸先王之道而取諸君子之言行。雖君子之言行。其已心之所疑殆。尚且闕之。愼之至也。言行無玷。得祿之道也。程子曰。子張學干祿。故告之以此。使定其心而不爲利祿動。夫士無恒產。以何能存。故學而干祿。士子之常也。故先王設穀祿之制。孔子亦不責子張。而直答以此。子張亦豈不知世俗干祿之所爲乎。蓋於其心有不安者。故問君子亦有干祿之道邪。可謂善問矣。孔子所答。干祿之道也。它如聞斯行之。則非干祿之道矣。可以見已。宋儒之學。遠於人情。故曰定其心而不爲利祿動。果其說之是乎。則孔子當答以君子知命矣。孔子廼以此答之。故知君子亦有干祿之道也。道之不遠於人

如此○不可不察○程子又曰○惟理可爲者爲之而已
矣○殊不知君子遵道而行○而尚有不得祿者○則君
子知命也○不求諸先王之道○而妄以己意求諸理○
宋儒之病也○

哀公問曰何爲則民服孔子對曰舉直錯諸枉則民
服舉枉錯諸直則民不服

古 包氏曰哀公魯君謚」包氏曰錯置也舉正
直之人用之廢置邪枉之人則民服其上

新 哀公魯君名蔣凡君問皆稱孔子對曰者尊君
也錯捨置也諸衆也程子曰舉錯得義則人心服
○謝氏曰好直而惡枉天下之至情也順之則服
逆之則去必然之理也然或無道以照之則以直
爲枉以枉爲直者多矣是以
君子大居敬而貴窮理也

孝經卿大夫章

古義　哀公魯君名蔣時哀公失政而民不服故問之錯捨置也諸衆也言舉錯得當則民服否則不服哀公意以爲服民必有術以能之孔子告之以舉錯得當則民服舉錯失當則不服也蓋好直而惡枉天下之同情順之則得逆之則不得非可以術能也故治國之道顧其所以處之者如何耳非可以私意小智濟之也

徵　舉直錯諸枉舉枉錯諸直蓋古言也而孔子引之也孝經曰非先王之法言不敢道古之道若是焉後儒不知廼謂聖人以意造言謬矣哉舉直錯諸枉諸之乎也枉與曲不同枉者材之反張者也直者材之良者也蓋以積材之道爲喻積材之道以直者置於枉者之上則枉者爲直者壓而自直

語樊遲顏淵篇

子夏曰已見

矣。故它日語樊遲而曰。能使枉者直。直謂材之良者。故喻諸善也。仁也。枉謂材之不良者。故喻諸惡也。不仁也。枉直喻也。故當不拘字義。以善與仁解之。宋儒不識其爲喻。曰好直而惡枉。天下之至情也。可謂謬矣。以錯爲廢置。包咸之陋也。宋儒因之。殊不知天下有善而無惡。惡者善之未成者也。先王之道。養以成之。惡皆化爲善。故孔子曰。能使枉者直。子夏曰。舜有天下。選於衆。舉皋陶。不仁者遠矣。湯有天下。選於衆。舉伊尹。不仁者遠矣。言舉而不言錯。可見錯非廢置之義已。故充包咸朱子之

季康子殺無道以就有道顏淵篇
易繫辭

孔子子產獲誚論見呂覽樂成代醉編第十一曰舉直錯諸枉則民服言舉直而加諸枉之上則民服舉枉錯諸直則民不服言舉枉而加諸直之上則民不服錯猶置也居敬雍也篇

說則季康子殺無道以就有道也其與先王孔子之道何啻霄壤哉又按易舉而錯之天下之民舉錯一義正如此章可以徵諸舉直錯諸枉則民服多謂舉錯當則民服小矣哉陋儒之見也舉直錯諸枉能使枉者直故民服苟取當於眼前衛鞅之所不爲也孔子子產何以獲誚按代醉編載孫繼和之說亦同予意祗未知積材之道爲喻耳又如大居敬而貴窮理居敬固孔子語仲弓者然以此爲窮理之本則其鑑空衡平之說也苟使鑑空衡平亦唯能見已之所見耳不若以先王之道爲規

鑑空衡平見雍也篇大全
易說卦曰昔者聖人之作易也幽贊於神明而生蓍參天兩地而倚數觀變於陰陽而立卦發揮於剛柔而生爻和順於道德而理於義窮理盡性以至於命

矩準繩也。雖良匠苟無規矩準繩，何以能審其曲直哉。窮理乃易贊聖人之言。宋儒强諸學者。可謂不知類已。皇侃本。何爲則民服下有也字。

季康子問使民敬忠以勸如之何子曰臨之以莊則敬孝慈則忠舉善而教不能則勸

古 孔安國曰魯卿季孫肥康謚也包氏曰莊嚴也君臨民以嚴則民敬其上也包氏曰君能上孝於親下慈於民則民忠矣包氏曰舉用善人而教不能者則民勸勉

新 季康子魯大夫季孫氏名肥莊謂容貌端嚴也臨民以莊則民敬於己孝於親慈於衆則民忠於己善者舉之而不能者教之則民有所勸而樂於爲善○張敬夫曰此皆在我所當爲非爲欲使民敬忠以勸而爲之也然能如是則其應盖有不期然而然者矣

古義 季康子魯大夫季孫氏名肥時季氏僭濫民不心服亦不從其所令故問之包氏曰莊嚴也臨民以嚴則民敬其上上孝於親下慈於民則民忠矣舉用善人而教不能者則民勸勉此章亦與前章同意蓋王者之治以德而不以法其効若迂而其化無窮霸者之政以法而不以德其効若速而無益於治故知治國之本在自正其身而不得以智術爲之也康子之意在求速効而夫子之所答專在於自治若使康子達夫子之意其所以治魯國者豈有不得如其所欲邪禮曰君子不出家而成教於國孝者所以事君也弟者所以事長也慈者所以使衆也蓋述夫子之言者也

徵 臨之以莊臨下之道也蓋天至高而不可企及矣至遠而不可窺測矣至大而不可盡矣日月星辰森羅於上焉君子之治民奉天道以行之故齊明盛服非禮不動以象之所以敬天也夫民曰天

民。不屬諸君而屬諸天。臣則皆君之臣也。古之道也。故奉天道以臨之。是謂之莊。然後孝慈。春風之行也。語哀公舉直而已矣。語季康子。舉善而教不能。益詳矣。君與大夫之分也。張敬夫曰。此皆在我所當爲。非爲欲使民敬忠以勸而爲之也。夫季康子問使民敬忠以勸。如之何。而孔子答之以此。是爲欲使民敬忠以勸而爲之者審矣。張敬夫迺欲勝孔子而上之。可謂刻矣。是其意惡其輟也。惡其輟乎。則莫若誠焉。故君子貴學。學以成德。自然不假勉強。不則雖使其心爲我所當爲。亦終輟耳。輟則不久。不久則不足以化民也。

或謂孔子曰：子奚不爲政？子曰：書云孝乎惟孝，友于兄弟，施於有政，是亦爲政，奚其爲爲政？

【古】包氏曰：或人以爲居位乃是爲政」包氏曰：孝乎惟孝，美大孝之辭。友于兄弟，善於兄弟。施，行也。所行有政道，與爲政同。

【新】定公初年，孔子不仕，故或人疑其不爲政也」書，周書君陳篇。書云孝乎者，言書之言孝如此也。善兄弟曰友。書言君陳能孝於親，友於兄弟，又能推廣此心，以爲一家之政。孔子引之，言如此則是亦爲政矣，何必居位乃爲爲政乎？蓋孔子之不仕，有難以語或人者，故託此以告之。要之至理亦不外是。

【古義】定公初年，孔子不仕，故或人疑其不居官爲政也」書文今見古文尚書君陳篇，而無孝乎二字當以此爲正孝乎惟孝者美孝之辭言善事父母者必友于兄弟而施及於有政孔子引之言如此則是亦爲政矣何必以居位爲爲政乎孝友者人之善行也夫孰不美焉亦孰不從焉以此心自脩則身脩以此心治人則人治雖家國天下莫不從焉而家居講學者每有不能有爲於世之歎殊不知居家理故治可移于官奚以不居官爲政爲慊乎孟子曰其子弟從之則孝弟忠信不素餐兮孰大於是與居官爲政者奚異

徵 子奚不爲政。包咸曰。或人以爲居位乃是爲政。朱子因之。曰定公初年。孔子不仕。或人疑其不爲政也。皆不知古言。我死子爲政。謂秉柄於其國也。疇昔之羊。子爲政。今日之事。我爲政。謂秉柄於其事也。如此章。則孔子爲大夫時事也。未審其爲司

我死子爲政已見疇昔之羊左傳宣二年

大夫服官政禮記內則

空時邪。爲大司寇時邪。大夫服官政。謂一官之政、也。孔子爲大夫。不秉柄於其官。故或人疑而問之耳。如舊說。或人謂不仕爲不爲政。不情之甚矣。且奚其爲爲政。疊用爲字。極爲未穩。今解爲秉柄。則奚其爲爲政。乃奚其爲秉柄。豈不穩乎。蓋聖人施爲。自不與常人同。於其官政。不必屑屑然有所更張。然其意所在。豈或人所能知。故引書答之。孝乎惟孝。四字句。包咸曰。美大孝之辭。爲得之。書今本無孝乎二字。脫耳。朱註解乎爲如此。大誤矣。施行也。有政。政也。言孝友之道。自然行於政事。是亦秉

家語事見始誅篇

柄於官政也。古註所行有政道。可謂強爲之解已。君陳代周公。爲政於成周。孔子引此。極當。按家語。孔子爲魯大司寇。有父子訟者。夫子同狴執之。三月不別。其父請止。夫子赦之焉。以此觀之。孝友豈不行於官政乎。按蔡邕石經。孝乎作孝于。

子曰。人而無信。不知其可也。大車無輗。小車無軏。其何以行之哉。

【古】孔安國曰。言人而無信。其餘終無可。包氏曰。大車牛車。輗者轅端橫木以縛軛者。小車駟馬車。軏者轅端上曲鉤衡者。

【新】大車謂平地任載之車。輗轅端橫木縛軛以駕牛者。小車謂田車兵車乘車。軏轅端上曲鉤衡以

駕馬者車無此二者則不可以行人而無信亦猶是也

古義 大車謂平地任載之車輗轅端橫木縛軛以駕牛者小車謂田車兵車乘車軏轅端上曲鉤衡以駕馬者言人而無信猶車無此二者豈可得行乎信者人道之本人而無信則不可以一日立於天地之間猶大車之無輗小車之無軏不可以行也君不君臣不臣父不父子不子一皆由此夫子就其最所易見者以喻人必不可無信也

徵 輗軏在車與馬牛相接之際信亦在我與人相接之際故引以爲喻車之行馬牛之力也道之行人之力也豈不切乎言而無信則人不信我人不信我則我言安能行哉事之行亦然道之行亦然教之道亦然七十子深信孔子故孔子之教行於

七十子。不竢多言。孟子則欲使不信我之人由我言而信我。故徒詳其言。以欲人人之能曉。是訟之道也。徒聒之耳。是無它。不知無信之不可行故也。輗軏之制。皇疏具焉。註。包咸曰。大車。牛車。輗者。轅端橫木以縛軛也。疏。端頭也。古作牛車二轅。不異即時車。但轅頭安軛。與今異也。即時車。拖用曲木。駕於牛脰。仍縛軛兩頭著兩轅。古時則先取一橫木。縛著兩轅頭。又別取曲木爲拖。縛著橫木。以駕牛脰也。即時一馬牽車。軛猶如此也。註。小車。駟馬車。軏者。轅端上曲鉤衡也。疏。衡橫也。四馬之車。唯中央有一轅。轅頭曲向上。此拘住於衡。名此曲者爲軏也。所以頭拘此衡者。轅駕四馬。故先横一木於轅頭。而縛軏著此衡。此衡既爲四馬所載。恐其不堅。故特置曲軏裡。使牽之不脱也。猶卽時龍旂車。轅端爲龍。置衡在龍頭上曲處也。鄭玄曰。軏。穿轅端著之。軏。因轅端著之。

子張問十世可知也。子曰。殷因於夏禮。所損益可知也。周因於殷禮。所損益可知也。其或繼周者。雖百世可知也。

古 孔安國曰。文質禮變。馬融曰。所因謂三綱五常所損益謂文質三統。物類相招。世數相生。其變有

常故可
預知

新 陸氏曰也一作乎○王者易姓受命爲一世子張問自此以後十世之事可前知乎馬氏曰所因謂三綱五常所損益謂文質三統愚按三綱謂君爲臣綱父爲子綱夫爲妻綱五常謂仁義禮智信文質謂夏尚忠商尚質周尚文三統謂夏正建寅爲人統商正建丑爲地統周正建子爲天統三綱五常禮之大體三代相繼皆因之而不能變其所損益不過文章制度小過不及之間而其已然之迹今皆可見則自今以往或有繼周而王者雖百世之遠所因所革亦不過此豈但十世而已乎聖人所以知來者蓋如此非若後世讖緯術數之學也○胡氏曰子張之問蓋欲知來而聖人言其既往者以明之也夫自脩身以至於爲天下不可一日而無禮天叙天秩人所共由禮之本也商不能改乎夏周不能改乎商所謂天地之常經也若乃制度文爲或太過則當損或不足則當益益之損之與時宜之而所因者不壞是古今之通義也因往推來雖百世之遠不過如此而已矣

【古義】陸氏曰也一作乎朱氏曰王者易姓受命爲一世子張見夫子聰明睿智無所不知故問十世之遠可以前知乎言三代之有天下雖各有一代之制然不能盡改人之觀聽故皆因前代之禮而作之惟其所損益者今皆可知而已既往已如此則將來亦不過如此此言古今之事不甚相遠不可好求迂怪不經不可窮詰之說蓋世道之變雖相尋無窮然本無有可愕可怪之事冠以加首屨以藉足舟以濟水車以行陸君尊而臣卑父老而子繼千古之前如此千古之後亦如此所謂禮也者亦不過因此而損益焉耳苟以此推之則雖千歲無窮之變皆可坐而致焉子張之問既涉於怪僻故夫子言此以斥之

【徵】子張問十世可知也。陸氏曰。也一作乎。不必爾。蓋十世可知也。古書之言。子張疑而問之。而孔子答其可前知也。朱註。王者易姓受命爲一世。非矣。

王者易姓受命爲一代。父子相受爲一世。孔子之意。蓋謂王者受命。制作禮樂。非預知數百年之後不能爲。是可前知之證也。殷因夏禮。周因殷禮。故知有雖萬世不異今日也。殷損益夏禮。其所損益者。在夏代可前知。周損益殷禮。其所損益者。在殷代可前知。是三代聖人。建一代之法。使數百年之人守之。則其前知數百年後者審矣。若有聖人繼周而興。則今之所前知。何翅十世乎。雖百世者。謂其不止十世也。馬融曰。所因。謂三綱五常。所損益。謂文質三統。所因何啻三綱五常。所損益何啻文質三統。朱註。其所損益。不過文章制度小過不及之間。而其已然之迹。今皆可見。是前二可知。與後可知。不同其義。可謂謬矣。且果其說之是乎。則秦漢以後。不與三代同。何孔子之言不驗邪。且子張不問禮。而孔子答以禮。是聖人所前知。僅禮而已。且其意謂聖人損益前代之禮。唯與時宜之。而不知一代禮樂維持數百年之後也。中庸曰。至誠之道。可以前知。不然。何以在其爲聖人乎。

子曰。非其鬼而祭之。諂也。見義不爲。無勇也。

古 鄭玄曰。人神曰鬼。非其祖考而祭之者。是諂。以求福。孔安國曰。義所宜爲。而不能爲。是無勇也。

答樊遲雍也篇

新 非其鬼謂非其所當祭之鬼諂求媚也知而不爲是無勇也

古義 非其鬼謂非其所當祭之鬼諂者謂瀆近鬼神也知義之所在而不爲是無勇也陳氏櫟曰此章欲人不惑于鬼之不可知而惟用力于人道之所宜爲他日語樊遲曰務民之義敬鬼神而遠之亦以鬼神對義而言蓋嘗驗之天下之人其諂瀆鬼神者必不能專力於民義其專力於民義者必不諂瀆於鬼神二者常相因云

徵 非其鬼而祭之此孔子有所譏而言之但未審其爲何人也其義則與答樊遲務民之義敬鬼神而遠之相發然彼則義圓而此則言不倫故知其有所爲而言之

論語徵集覽卷之二　終

論語徵集覽卷之三

魏　何晏　集解

宋　朱熹　集註

大日本　藤維楨　古義

物茂卿　徵

從四位侍從源賴寬　輯

八佾第三

孔子謂季氏八佾舞於庭是可忍也孰不可忍也

古　馬融曰孰誰也佾列也天子八佾諸侯六卿大夫四士二八人爲列八八六十四人魯以周公故受王者禮樂有八佾之舞季桓子僭於其家廟舞之故孔子譏之

新 季氏魯大夫季孫氏也佾舞列也天子八諸侯六大夫四士二每佾人數如其佾數或曰每佾八人未詳孰是季氏以大夫而僭用天子之禮樂孔子言其此事尚忍爲之則何事不可忍爲或曰忍容忍也蓋深疾之之辭○范氏曰樂舞之數自上而下降殺以兩而已故兩之間不可以毫髮僭差也孔子爲政先正禮樂則季氏之罪不容誅矣謝氏曰君子於其所不當爲不敢須臾處不忍故也而季氏忍此矣則雖弑父與君亦何所憚而不爲乎

古義 季氏魯大夫季孫氏也佾舞列也天子八諸侯六大夫四士二每佾人數如其佾數言季氏以陪臣而敢僭用天子之禮樂是可敢忍爲之事哉而尚忍爲之則何事不可忍爲謝氏曰君子於其所不當爲不敢須臾處不忍故也而季氏忍此矣則雖弑父與君亦何所憚而不爲乎○夫子所論當時人物政治得失自今觀之似或有不甚切于學者然孔門弟子皆謹書之者何也夫子嘗曰載之空言不若著之行事親切著明也蓋學將以有爲也故泛論義理不若即事即物直辨其是非得

失之爲愈也如此等章實與春秋一經相表裏此當時諸子所以謹書而不遺也歟

徵八佾舞於庭八佾舞連讀世人佾下斷句非也春秋隱公五年九月考仲子之宮初獻六羽左氏傳公問羽數於衆仲對曰天子用八諸侯用六大夫四士二夫舞所以節八音而行八風故自八以下公從之於是初獻六羽始用六佾也公羊傳初者何始也六羽者何舞也初獻六羽何以書譏何譏爾譏始僭諸公也六羽之爲僭奈何天子八佾諸公六諸侯四諸公者何諸侯者何天子三公稱公王者之後稱公其餘大國稱侯小國稱伯子男

始僭諸公昉於此乎。前此矣。前此則曷爲始乎此。僭諸公。猶可言也。僭天子。不可言也。穀梁傳。穀梁子曰。舞夏。天子八佾。諸公六佾。諸侯四佾。初獻六羽。始僭樂矣。尸子曰。舞夏。自天子至諸侯。皆用八佾。初獻六羽。始厲樂矣。何休杜預皆謂八八六十四人。六六三十六人。四四十六人。二二四人。服虔謂六八四十八人。四八三十二人。二八十六人。服虔蓋以襄十一年。鄭人賂晉侯以女樂二八。誤爲二佾也。何杜以爲舞勢宜方。是或然矣。且天子六十四人。則大夫三十二人。爲大過矣。況士豈能辦十六人乎。故何杜於理爲優。諸公六佾。諸侯四佾。恐傳譌也。左傳尸子爲可據已。杜預曰魯惟文王周公廟得用八。而他公遂因仍僭而用之。今隱公特立此婦人之廟。詳問衆仲。因明大典。故傳亦因言始用六佾。其後季氏舞八佾於庭。知惟在仲子廟用六。由此觀之。他公僭用。而季氏遂僭之也。但明堂位無文王。則杜預亦誤矣。於庭。古來無解邪。曷以爲家廟之庭。殊爲不通。竊疑成王賜伯禽以天子禮樂祀周公。天子之廟。八佾舞於庭。伯禽廼造臺以舞之。所以尊天子之樂也。後世有舞臺。或

不忍人之心孟子公孫丑篇

昉于是邪是誠臆說。別無所據然於庭二字。非此不通。姑錄以俟後君子也。是可忍也。孰不可忍也。邢昺曰。季氏以陪臣而僭天子。最難容忍。集註范氏因之。是於忍字之義爲得之。然非聖人之言矣。小人唆人激變者。其言率如此。不可從也。謝氏曰。季氏忍此矣。則雖弑父與君。亦何所憚而不爲乎。是忍字。本諸孟子。孟子創言性善。而與楊子之徒爭仁內外。故引不忍人之心以爲仁之端。遂又有不忍人之政。然求諸古言。以忍爲美德。而未有以不忍爲貴者矣。求諸理。聖人亦有不忍之心。而聖

小不忍亂大謀見衛靈公篇孝經語已見

人之思深遠焉。故未有以不忍爲教者矣。蓋其究必成婦人之仁故也。小不忍亂大謀。此先王之法言。孝經曰。非先王之法言不敢道。故知非孔子之言矣。且責季氏以心術。豈不妥哉。此章之義。蓋爲昭公發之。昭公亦小不忍。以致乾侯之禍。故云爾。季氏之僭。不啻一世。從前魯君所忍。是尚可忍也。僭之大者。尚可忍也。則無不可忍之事矣。魯君能以此爲心。季氏之僭可正。而魯可治焉。聖人之言。皆有作用。宋儒廼以理以心而已矣。不可不察。

三家者以雍徹。子曰。相維辟公。天子穆穆。奚取於三

家之堂

【古】馬融曰三家謂仲孫叔孫季孫雍周頌臣工篇名天子祭於宗廟歌之以徹祭今三家亦作此樂包氏曰辟公謂諸侯及二王之後穆穆天子之容雍篇歌此者有諸侯及二王之後來助祭故也今三家但家臣而已何取此義而作之於堂邪

【新】三家魯大夫孟孫叔孫季孫之家也雍周頌篇名徹祭畢而收其俎也天子宗廟之祭則歌雍以徹是時三家僭而用之相助也辟公諸侯也穆穆深遠之意天子之容也此雍詩之詞孔子引之言三家之堂非有此事亦何取於此義而歌之乎譏其無知妄作以取僭竊之罪○程子曰周公之功固大矣皆臣子之分所當爲魯安得獨用天子禮樂哉成王之賜伯禽之受皆非也其因襲之弊遂使季氏僭八佾三家僭雍徹故仲尼譏之

【古義】三家魯大夫孟孫叔孫季孫之家也雍周頌篇名徹祭畢而收其俎也天子宗廟之祭則歌雍

三子者先進篇

以徹是時三家僭而用之相助也辟公諸侯及二王之後穆穆深遠之意天子之容也此雍詩之詞孔子引之言三家之堂非有此事亦何取於此義而用之乎譏其無知妄作之一端以明其僭禮大類如此○此通上章共爲三家僭禮而發蓋夫子作春秋之意也當時之人視三家僭禮不徒不能規其非又舉之以爲美談故夫子斥之以明其僭妄之罪且欲其聞而改之也夫位愈盛則責愈重祿愈高則任愈大詩曰赫赫師尹民具爾瞻季氏魯之世卿衆之所倚賴而其無智妄作如此既不足取信當時又非所以垂裕後昆故爲人之上而不知學其蔽必至於此

徵 三家者者字語助無意義如三子者之者古者歌詩皆有所取於其義而雍詩於三家之堂莫有所取焉於魯君之堂亦莫有所取焉孔子不斥其非禮但以詩言之若詰之者然所以開喻也集註

作者之謂聖禮記樂記

書洪範

爾雅釋詁

廼曰。譏其無知妄作以取僭竊之罪大失聖人之辭氣也。且無知妄作。本作者之謂聖之作。豈可引於此乎。相儐相也。訓助者。字義耳。其實相自相助自助。不可混矣。辟公。王肅以爲國君。諸公爲是。鄭玄以辟爲卿士。公謂諸侯。書惟辟玉食。豈卿士之謂乎。邢昺疏。毛萇以爲諸侯及二王之後。然毛傳無之。可謂妄矣。曲禮天子穆穆。爾雅穆穆美也。穆穆蓋深遠意。天子行禮。有辟公爲之儐相。則天子廼若無所爲者。唯見其穆穆然美。已是雍詩之義也。

王弇州四部稿成王賜伯禽禮樂辨

程子曰：周公之功固大矣，皆臣子之分所當爲，魯安得獨用天子禮樂哉？成王之賜、伯禽之受，皆非也。弇州先生曰：叔子之爲此語也，語於秦之君臣也，非三代之君臣也。唐虞之世，其爲帝者茅茨不翦，土階三尺而已，都兪吁咈于其內，得一言則君臣交相拜而相咏嗟，非截然而不相及也。堯得舜而三載命之陟位，受終類上帝，禋六宗，望山川，徧群神，輯五瑞，狩四嶽，不聞其以疑堯議也。舜得禹而命之終陟，受命於神宗，率百官若帝之初，不聞其以疑舜議也。堯舜之於舜禹，臣之者也。成王之於周公師之者也以尊則叔父也以親則爲其父弟者也存而負扆以行天子之事沒而崇以天子之禮樂夫誰曰不可且以周公之功與舜禹並而尊親過之不復子則禪而帝復子則祀而王聖人之所以崇德報功也而曰非者何也夫秦而始君朕也君父皇考也而臣弗與也其尊若天而臣若草芥也吾故曰叔子之爲此語也語於秦之君臣也茂卿曰大氐後儒謂禮萬世不易者是其心有自以爲禮者故妄意成王伯禽皆非矣夫禮爲一代之典周禮周公作而成王伯禽親受之故成王

孔子所謂非禮見後禘論

伯禽非禮歟○則孰爲禮○豈不肆乎○故孔子所謂非禮者○謂其後也○

子曰人而不仁如禮何人而不仁如樂何

古 包氏曰言人而不仁必不能行禮樂

新 游氏曰人而不仁則人心亡矣其如禮樂何哉言雖欲用之而禮樂不爲之用也○程子曰仁者天下之正理失正理則無序而不和李氏曰禮樂待人而後行苟非其人則雖玉帛交錯鐘鼓鏗鏘亦將如之何哉然記者序此於八佾雍徹之後疑其爲僭禮樂者發也

古義 言仁者德之本禮樂者德之推人而不仁其本旣無雖欲行禮樂豈爲其用哉其所見者徒威儀節奏耳禮儀三百威儀三千待其人而後行則不仁之人雖欲用禮樂而禮樂豈爲之用乎或曰仁者惻隱之充也何預於禮樂曰慈愛惻怛之心衆德之所由生萬事之所由立仁人之於天下何

事不成何行不得況於禮樂乎論曰七篇之書論語之義疏也故得孟子之意而後可以曉論語之義苟不本之於孟子而徒欲從論語字面求其意義則牽強不通必至致誤若宋儒所謂仁者天下之正理是已學者不可不知

徵禮樂者先王之道也。先王之道。安民之道也。仁安民之德也。故苟非仁人。則禮樂不爲之用。故曰如禮何。如樂何。此以在上之人言之也。游氏曰。人而不仁。則人心亡矣。程子曰。仁者天下之正理。失正理則無序而不和。皆不知聖人之道爲先王之道也。不知此章之言爲在上者發之也。仁齋先生曰。慈愛惻怛之心。衆德之所由生。萬事之所由立。

仁人之於天下。何事不成。何行不得。況於禮樂乎。此不知禮樂者之言已。辟諸搏埴作器。雖器皆埴也。先王作禮樂。以仁而已矣。故孔子曰。夫仁者制禮者也。又曰。道二。仁與不仁而已矣。故不仁之人不能用禮樂也。

道二孟子離婁篇

林放問禮之本。子曰。大哉問。禮。與其奢也寧儉。喪。與其易也寧戚。

【古】鄭玄曰。林放。魯人。包氏曰。易。和易也。言禮之本意。失於奢不如儉。喪失於和易不如哀戚。

【新】林放魯人。見世之爲禮者專事繁文。而疑其本之不在是也。故以爲問。孔子以時方逐末。而放獨有志於本。故大其問。蓋得其本。則禮之全體無不在其中矣。易。治也。孟子曰。易其田疇。在喪禮。則節

文習熟而無哀痛慘怛之實者也戚則一於哀而
文不足耳禮貴得中奢易則過於文儉戚則不及
而質二者皆未合禮然凡物之理必先有質而後
有文則質乃禮之本也○范氏曰夫祭與其敬不
足而禮有餘也不若禮不足而敬有餘也喪與其
哀不足而禮有餘也不若禮不足而哀有餘也禮
失之奢喪失之易皆不能反本而隨其末故也禮
奢而備不若儉而不備之愈也喪易而文不若戚
而不文之愈也儉者物之質戚者心之誠故爲禮
之本楊氏曰禮始諸飲食故汙尊而抔飲爲之簠
簋籩豆罍爵之飾所以文之也則其本儉而已喪
不可以徑情而直行爲之衰麻哭踊之數所以節
之也則其本戚而已周衰世方以文滅質而林
放獨能問禮之本故夫子大之而告之以此

古義林放魯人見世之爲禮者專務繁文而疑其
本之不在是禮先王之所制時王之所用今放疑
之故夫子大其問也易治也禮所以節制喪所以
致哀故禮奢而備物不若儉而不備喪易而盡禮
不若戚而不文得其本故也若夫徒務繁文而遺
其本實者固非所以爲禮也放特問禮而夫子兼

言喪者蓋欲其意之備也」爲禮者必好備物好備物則必至文勝爲喪者必欲治而無失欲治而無失則必失其實故禮以儉爲本喪以哀爲本聖人之尚實也如此」論曰舊註謂禮貴得中其説本于禮記然非聖人之意甞曰先進於禮樂野人也後進於禮樂君子也如用之則吾從先進又曰奢則不孫儉則固與其不孫也寧固及如此章自後世之學言之似有不及於中之病故以爲救時之論然聖人之道尚儉而惡奢者其經世理民常戒盈滿而從退損雖以禮爲教而必以儉爲本其言及中者甚少蓋以儉可以守禮而中則不可執守也

徵孔子大林放之問蓋世人所見者小故徒以禮爲美觀林放獨能疑禮之意本不在是而問之是其所見者大孔子所以嘆也朱註蓋得其本則禮之全體無不在其中矣是不得大哉之解以全體

忠信爲禮之本
禮器語

言之。理學者流哉。又其言曰。世之爲禮者。專事繁文云云。殊不知禮之有繁文。乃其所以物爲之制。曲爲之防。豈可以爲非乎。大氐後儒迫急之見。未免直情徑行。戎狄之道。貴質賤文。亦本諸二精粗耳。禮與其奢也寧儉。喪與其易也寧戚。蓋古語。孔子不直語其本而引此。使放思而得之。孔子之教皆爾。何以知其爲古語。答與問不正相値也。它如忠信爲禮之本。以人學禮言之。如恭敬以行禮之心言。如上章人而不仁。以在上之人言之。至於此章。則以人所行之禮言之。奢謂其心以禮爲美觀務求備其財物而不知侈其用也儉謂其心在節財用而不知物不稱其義也易去聲包咸曰和易也非矣朱註訓治得之但其說曰節文習熟而無哀痛慘怛之實者也非矣蓋謂富貴之家助喪之人多而百官皆備衣衾棺椁之用不乏一切治辦也戚謂貧賤之家無助喪之人衣衾棺椁不備事事艱難轉增哀戚之甚也夫喪之爲禮所以致哀也節文之詳豈損哀乎且喪不可屢豈有所謂習熟者哉大氐宋儒忽略字義遷就以成其說如儉字本謂節用也朱子以温良恭儉讓爲聖人威儀

遂解儉爲節制至於此章亦以質勝而文不足爲儉遂引禮運汙尊抔飲爲說夫任口言理莫不可言者然字失其義亦影耳易象曰山上有雷小過君子以行過乎恭喪過乎哀用過乎儉正與此章相發儉以用言之豈非財用乎戚易與奢儉對豈徒以節文言之哉夫禮以教中本文曰與其曰寧亦不得已以取儉戚者而非儉戚爲至也而孔子所以言之者何也禮器曰昔先王之制禮也因其財物而致其義焉故君子之行禮亦必視其財物爲之進退古之道爲爾如今也純儉吾從衆豈不

今也純儉子罕篇

從曾子曰下至吾何慎哉共見禮記檀弓

然乎。檀弓曰。曾子曰。晏子可謂知禮也已。恭敬之有焉。有若曰。晏子一狐裘三十年。遣車一乘。及墓而反。國君七个。遣車七乘。大夫五个。遣車五乘。晏子焉知禮。曾子曰。國無道。君子恥盈禮焉。國奢則示之以儉。國儉則示之以禮。子游問喪具。夫子曰。稱家之有亡。子游曰。有亡惡乎齊。夫子曰。有毋過禮。苟亡矣。斂首足形。還葬縣棺而封。人豈有非之者哉。子路曰。傷哉貧也。生無以爲養。死無以爲禮也。孔子曰。啜菽飲水盡其歡。斯之謂孝。斂首足形。還葬而無椁。稱其財。斯之謂禮。子思之母死於衛。

柳若謂子思曰子聖人之後也四方於子乎觀禮子盍愼諸子思曰吾何愼哉吾聞之有其禮無其財君子弗行也有其禮有其財無其時君子弗行也吾何愼哉是皆言君子行禮視財物與世進退之有時乎取儉與戚也曲禮曰貧者不以貨財爲禮老者不以筋力爲禮禮器曰故天不生地不養君子不以爲禮鬼神弗饗也居山以魚鼈爲禮居澤以鹿豕爲禮君子謂之不知禮故必舉其定國之數以爲禮之大經禮之大倫以地廣狹禮之厚薄與年之上下是皆言先王制禮時亦已視財物

之所出。定其度數也。孔子曰夫仁者制禮者也。言先王之制禮。求以安民也。仁者愛物。謂其節用而不傷民也。今林放苟知君子有時乎取儉與戚。而思以求之。則知先王所以制禮之意在仁焉。是所謂本也。是林放問本之所以爲大也。宋儒昧乎字義而不知道。乃以文質釋之。謬之大者也。遂至或謂孔子欲損周之文以就夏殷之質。殊不知奢儉皆謂同行斯禮。而其所以用財不同已。豈有文質之異哉。且林放豈與顏子同科。而足以語制作之意哉。可謂妄已。又仁齋先生以禮貴得中。非聖人之意。蓋禮所以教中也。禮者先王所立以爲極也。所以使賢者俯就不肖者企及也。是乃以聖人所立禮爲中也。非使人以己意取夫中也。世多欲以己意求夫中。則仁齋先生言之者是矣。然儉自用財之道。不與中相關。而乃以儉與中對論者。非矣。

子曰夷狄之有君不如諸夏之亡也

【古】包氏曰諸夏中國亡無也

【新】吳氏曰亡古無字通用程子曰夷狄且有君長不如諸夏之僭亂反無上下之分也○尹氏曰孔子傷時之亂而歎之也亡非實亡也雖有之不能盡其道爾

【古義】諸夏中國也亡無也視有如無之謂此孔子傷時無上下之分而嘆之也夫子每視時俗之變

雖一事之小必重嘆之以其所關係大也今諸夏禮義之所在而曾夷狄之不若則其爲變亦甚矣此春秋所以作也當此時雖周衰道廢禮樂殘缺而典章文物尚未湮墜孰知諸夏之不若夷狄然夫子寧捨彼而取此則聖人崇實而不崇文之意可見矣其作春秋也諸侯用夷禮則夷之夷而進於中國則中國之蓋聖人之心即天地之心遍覆包涵無所不容善其善而惡其惡何有於華夷之辨後之說春秋者甚嚴華夷之辨大失聖人之旨矣

徵夷狄之有君○不如諸夏之亡也○亡無也○諸夏諸侯之國也○是聖人之貴禮義也○雖有君而無禮義○是其去禽獸不遠焉○孔子之時○諸夏雖有君乎猶亡之然○然先王之澤不斬○禮義尚存○故孔子以爲勝之矣○程子解失於不如之詁○不可從也○

季氏旅於泰山子謂冉有曰汝弗能救與對曰不能子曰嗚呼曾謂泰山不如林放乎

【古】馬融曰旅祭名也禮諸侯祭山川在其封内者今陪臣祭泰山非禮也冉有弟子冉求時仕於季氏救猶止也包氏曰神不享非禮林放尚知問禮泰山之神反不如林放耶欲誣而祭之

【新】旅祭名泰山山名在魯地禮諸侯祭封内山川季氏祭之僭也冉有孔子弟子名求時爲季氏宰救謂救其陷於僭竊之罪嗚呼歎辭言神不享非禮欲季氏知其無益而自止又進林放以厲冉有也○范氏曰冉有從季氏夫子豈不知其不可告也然而聖人不輕絶人盡已之心安知冉有之不能救季氏之不可諫也既不能正則美林放以明泰山之不可誣是亦教誨之道也

【古義】旅祭名也泰山山名在魯地禮諸侯祭山川在其封内者今季氏以陪臣祭之非禮也冉有孔子弟子名求時爲季氏宰嗚呼歎辭夫子欲冉有之救正其非既而知其不能則又美林放以勵之

亦敎諭之也。季氏舞八佾歌雍徹，夫子旣斥其僭竊，今亦欲旅於泰山，故夫子欲冉有之救之也。夫禮，人之隄防也。禮立則人心定，人心定則上下安，上下安則彝倫得以敘矣，庶事得以成矣。今季氏以臣僭君，則是自壞其隄防也。神不享非禮，民不祭非類。季氏爲魯國卿，而所爲如此，何以率其民不智亦甚矣。

徵周禮大宗伯職。國有大故。則旅上帝及四望。鄭玄註。故。謂凶烖。旅。陳也。陳其祭事以祈焉。禮不如祀之備也。此章。古註以爲譏僭。朱子因之。然觀其引林放。則孔子之譏。必在奢而不在僭。則必季氏爲魯侯旅者。而其行禮徒務美觀。故爾。後儒每言及季氏則輒謂僭也。豈不泥乎。

子曰君子無所爭必也射乎揖讓而升下而飲其爭也君子

【古】孔安國曰言於射而後有爭○王肅曰射於堂升及下皆揖讓而相飲○馬融曰多筭飲少筭君子之所爭

【新】揖讓而升者大射之禮耦進三揖而後升堂也下而飲謂射畢揖降以俟衆耦皆降勝者乃揖不勝者升取觶立飲也言君子恭遜不與人爭惟於射而後有爭然其爭也雍容揖遜乃如此則其爭也君子而非若小人之爭矣

【古義】言君子恭遜不與人爭其或有所爭者必也於射禮乎蓋明其所爭者亦皆以禮而他無所爭也按儀禮大射之禮耦進三揖而後升堂射畢揖降以俟衆耦皆降勝者乃揖不勝者升取觶立飲也照本文下而飲之語則與不勝者升取觶立飲不合竊謂不勝者下而獨飲無衆耦送觶之禮也

言雍容揖遜如此則其爭也便君子而非若小人之以利害與人爭也」此言君子唯於射有所爭則見君子於事總無與人爭也君子以仁存心以禮存心何爭之有其與人爭者皆小人不仁不禮之甚也讀論語者至於夫子言君子諸章則不可不潛心覃思佩服體取若此章最其切要者歟

徵 揖讓而升下而飲中間不可句王肅曰射於堂升及下皆揖讓而相飲按儀禮射時升降皆揖讓飲射爵時亦揖讓升降也朱註升句非矣蓋射之爭爭於中禮射不主皮則所貴在和容故其爭以揖讓行之所以爲君子也皇侃曰它事無爭而於射有爭故云必也射乎於射所以有爭者古者生男必設蓬矢桑弧於門左至三日夜使人負子出

門而射。示此子方當必有事于天地四方。故云至
年長以射進仕。禮王者將祭。必擇士助祭。故四方
諸侯。並貢士於王。王試之於射宮。若形容合禮。節
奏比樂。而中多者。則得預於祭。得預於祭者。進其
君爵土。若射不合禮樂。而中少者。不預祭。不預祭
者。黜其君爵土。此射事既重。非唯自辱。乃係累已
君。故君子之人。於射而必有爭也。故顏延之曰。射
許有爭。故可以觀無爭也。

子夏問曰巧笑倩兮美目盼兮素以爲絢兮何謂也
子曰繪事後素曰禮後乎子曰起予者商也始可與

言詩已矣

古 馬融曰倩笑貌盼動目貌絢文貌此上二句在衛風碩人之二章其下一句逸也」鄭玄曰繪畫文也凡繪畫先布衆色然後以素分布其間以成其文喻美女雖有倩盼美質亦須禮以成之」孔安國曰孔子言繪事後素子夏聞而解知以素喻禮故曰禮後乎」包氏曰予我也孔子言子夏能發明我意可與共言詩

新 此逸詩也倩好口輔也盼目黑白分也素粉地畫之質也絢采色畫之飾也言人有此倩盼之美質而又加以華采之飾如有素地而加采色也子夏疑其反謂以素爲飾故問之」繪事繪畫之事也後素後於素也考工記曰繪畫之事後素功謂先以粉地爲質而後施五采猶人有美質然後可加文飾」禮必以忠信爲質猶繪事必以粉素爲先起猶發也起予言能起發我之志意謝氏曰子貢因論學而知詩子夏因論詩而知學故皆可與言詩○楊氏曰甘受和白受采忠信之人可以學禮苟

無其質禮不虛行此繪事後素之說也孔子曰繪事後素而子夏曰禮後乎可謂能繼其志矣非得之言意之表者能之乎商賜可與言詩者以此若夫玩心於章句之末則其爲詩也固而已矣所謂起予則亦相長之義也

古義 此逸詩也倩好口輔也盼目黑白分也言其美質也何氏曰絢文貌凡畫繢之事先布衆色然後以素分布其間以爲文蓋言身章之美也衛風竹竿之詩曰巧笑之瑳佩玉之儺又言顏色之美與服飾之麗相稱其語意正相類子夏適不知畫繢之事因讀此詩而有疑故爲問繪畫衣服也考工記云凡繪畫之事後素功是也子夏之所疑不在上二句而在素以爲絢故夫子專以繪事告之也子夏因夫子之言而悟凡物有其質而後可以加文然則人之於禮亦有其質而後可學乎起猶發也言能起發我之志意也夫子以其能會其意故以始可與言詩稱之此章子夏之所問夫子之所答初只尋常問談而本非有關於學問及乎子夏曰禮後乎而始爲至論也夫禮以儉爲本至於

風氣既開日趨繁文於是人惟視其繁文而不知其本之儉故曰禮與其奢也寧儉喪與其易也寧戚子夏知之故曰禮後乎苟非得聖人之意於言詞之表者其措詞豈能斷然若此乎林放聞夫子之論而初知禮之本子夏因論詩而自悟禮之後非放之所及也」論曰詩無形也因物而變爲圓爲方隨其所見或悲或歡因其所遭一事可以通千理一言可以達千義故非聞一而知二者不能盡詩之情子夏聞畫繢之事而悟禮後之説可謂亞聞滄浪之歌而知自取之道者也

【徵】倩○毛傳好口輔○馬融曰○笑貌○盼○毛傳白黑分○馬融曰○動目貌○義相通○蓋笑之美○在口輔○動目之美○在黑白分也○素以爲絢兮○何註以爲詩衞風碩人○逸此一句○朱子併上二句○直以爲逸詩○未詳孰是○絢○馬融曰○文貌○而不解一句之義○邢昺曰○莊姜既

有巧笑美目倩盼之容。又能以禮成文絢然。果其說之是乎。詩之義本謂禮。而孔子引繪事爲迂。且詩之義本謂禮。而子夏曰禮後乎。豈足爲起予乎。朱註。素。粉地。畫之質也。絢。采色。畫之飾也。是因孔子引繪事。而謂詩本言畫。可謂泥矣。且後素失義。不可從矣。繪事後素。何晏註。鄭曰。繪。畫文也。凡繪畫。先布衆色。然後以素分布其間。以成其文。此說與考工記凡畫繢之事後素功合。但鄭玄註曰。素。白采也。後布之。爲其易漬汚也。義爲迂矣。朱註加一於字而曰。謂以粉地爲質。而後施五采。是其意

書益稷

據禮器甘受和白受采耳。殊不知彼主行禮得忠信之人。此主學禮貴美質。其義自別也。且先素而謂之後素。後素廼以何措辭乎。且繪與畫不同。畫泛言之。繪則畫布。如虞書。予欲觀古人之象。日月星辰山龍華蟲作會。宗彝藻火粉米黼黻絺繡。曲禮。飾羔雁者以繢。深衣具。父母大父母。衣純以繢。皆爾。朱子以粉地爲解。則以爲畫圖。可謂不識字義已。蓋詩素以爲絢兮。謂傅粉也。絢者。謂爛然有光也。美人得粉。美益彰。繢事得布素分間。五采益明。美質學禮。其美益盛。非美人也。粉適成醜。非五采也布素何施。非忠信之人也禮不可得而學。此章之義也。起予。朱註盡之。蓋聖人好學之篤。與羣弟子相答問。其意每謂藉此以廣己之意智。廼所以誨而不倦也。後人徒以謙虛無我贊之。抑末矣。

子曰夏禮吾能言之杞不足徵也殷禮吾能言之宋不足徵也文獻不足故也足則吾能徵之矣

古 包氏曰徵成也杞宋二國名夏殷之後夏殷之禮吾能說之杞宋之君不足以成也」鄭玄曰獻猶賢也我不以禮成之者以此二國之君文章賢才不足故也

新 杞夏之後宋殷之後徵證也文典籍也獻賢也言二代之禮我能言之而二國不足取以爲證以其文獻不足故也文獻若足則我能取之以證吾言矣

戴記禮運

古義 杞宋二國名杞夏之後宋殷之後徵證也文典籍也獻賢也言二代之禮吾往既聞之而能言其詳欲證之於夏殷而之杞宋二國皆不足取以爲證以其文獻不足故也文獻若足則吾能相證而傳之後世蓋聖人不欲言無證之說也」先王之禮唯得夫子而後能傳於後世言之則存焉不言則亡焉苟以其文獻不足而不言之則豈非夏殷之禮自我亡之乎中庸曰上焉者雖善無徵無徵不信不信民不從故君子擇民之可信而言之見民之可從而行之苟不察民之信從與否而強爲之則是誣之也若老佛之說是已凡渺茫不經如存如亡之說皆足以起人之惑而啓其好異之心故無徵之書聖人不道焉仲尼祖述堯舜憲章文武是也而後世儒者動稱伏羲神農黃帝甚而至於論盤古燧人之世稱天皇地皇之名吾知其非聖人之意也

徵 夏禮吾能言之。仁齋先生據戴記之訓適。文辭各殊。可謂泥矣。朱註盡之。古註。文獻爲二國之君

子貢所謂見子張篇

升庵外集經說部

文章賢才。徵訓成。誤矣。如子貢所謂賢者識其大者。不賢者識其小者。是獻足徵也。文獻不足徵者。言二國無識夏殷禮之人與典籍也。徵如中庸無徵不信也。蓋孔子洞知古聖人作禮樂之心。又熟知人情世變。故夏殷之禮雖殘缺。僅得一二。推知其餘。如眎諸掌。而謙曰吾能言之。豈唯言其義而已哉。然無徵則民不信。故孔子不傳夏殷禮。是此章之義也。升庵曰。左傳不徵辭。註徵音證。唐貞觀中。有唐九證。其名取莊子九徵。說而字作證。可以定其音矣。

子曰禘自既灌而往者吾不欲觀之矣

古 孔安國曰禘祫之禮爲序昭穆故毀廟之主及羣廟之主皆合食於太祖灌者酌鬱鬯灌於太祖以降神也既灌之後列尊卑序昭穆而魯逆祀躋僖公亂昭穆故不欲觀之矣

新 趙伯循曰禘王者之大祭也王者既立始祖之廟又推始祖所自出之帝祀之於始祖之廟而以始祖配之也成王以周公有大勳勞賜魯重祭故得禘於周公之廟以文王爲所出之帝而周公配之然非禮矣灌者方祭之始用鬱鬯之酒灌地以降神也魯之君臣當此之時誠意未散猶有可觀自此以後則浸以懈怠而無足觀矣蓋魯祭非禮孔子本不欲觀至此而失禮之中又失禮焉故發此歎也○謝氏曰夫子嘗曰我欲觀夏道是故之杞而不足徵也我欲觀商道是故之宋而不足徵也又曰我觀周道幽厲傷之吾舍魯何適矣魯之郊禘非禮也周公其衰矣考之杞宋已如彼考之當今又如此孔子所以深歎也

過此以往易繫辭

古義 按經傳稱禘者非一其義各殊此所謂禘者謂大廟之祭也蓋王者既立始祖之廟又推始祖所自出之帝祀之於始祖廟而以始祖配之也魯以周公之廟爲大廟而以文王爲所自出之帝祀之於大廟以周公配之也灌者方祭用鬱鬯之酒灌地以降神也自灌以前有禮之名而無禮之實及乎灌而降神始有其實故曰灌而往者吾不欲觀之若曰自始至終皆無可觀者也蓋魯僭用天子之禮故夫子歎之也」實本也文末也有此實而後有此文有此文而後有此禮苟無此實則禮文皆虛而已魯以侯國敢用天子之禮其亡實甚矣宜夫子之不欲觀之也其曰不欲觀之者甚嫉之之辭嘗曰居上不寬爲禮不敬臨喪不哀吾何以觀之哉亦甚嫉其無實也

徵 禘自既灌而往者。如過此以往未之或知也。故訓後。以天時言之。往爲前。來爲後。以人事言之。來者其所從來。往者由此而後也。禘禮失傳。故其詳不可得而知矣。然灌所以降神也。易曰。觀盥而不薦。有孚顒若。下觀而化也。王弼引此章。祭統曰。夫祭有三重焉。獻之屬莫重於祼。聲莫重於升歌。舞莫重於武宿夜。此周道也。灌盥祼通用。觀示也。上之所以示。下之所以觀。在灌而不在薦。重故也。彖傳曰。大觀在上。蓋孔子之於禘。欲觀其大者。而不欲觀其小者。貴本也。孔子曰。居上不寬。爲禮不敬。臨喪不哀。吾何以觀之哉。亦言所觀在本也。但易觀盥。凡祭皆然。此特言禘者。禘爲大祭。故特言之歟。禘所以享帝也。祭義曰。唯聖人爲能享帝。此其所以特言禘歟。何註以來。以魯郊禘非禮爲說。不知何以知其爲魯邪。以非禮而不欲觀。則灌以前何擇也。又如朱註以誠意未散浸以懈怠解之。大失其義矣。夫灌而易能乎。則易何以言觀盥而不薦乎。且所謂禘者。禘嘗之禘邪。王者大祭之禘邪。何以必以非禮解之。可謂不通已。皇侃曰。先儒舊論灌法不同。案鄭二註。或神或尸。故解者或云。灌神是灌地之禮。灌尸是灌人之禮。而鄭註尚書大傳則云。灌是獻尸。尸乃得獻。乃祭酒以灌地也。

或問禘之說子曰不知也知其說者之於天下也其

如示諸斯乎指其掌

【古】孔安國曰答以不知者爲魯君諱」包氏曰孔子謂或人言知禘禮之說者於天下之事如指示掌中之物言其易了

【新】先王報本追遠之意莫深於禘非仁孝誠敬之至不足以與此非或人之所及也而不王不禘之法又魯之所當諱者故以不知答之示與視同指其掌弟子記夫子言此而自指其掌言其明且易也蓋知禘之說則理無不明誠無不格而治天下不難矣聖人於此豈眞有所不知也哉

【古義】禘禮之意至深遠矣且以王者之祭故以不知答之蓋爲魯諱也」示與視同指其掌謂明且易也弟子從傍見夫子言此自指其掌而記之也」禘者先王報本追遠之深意非仁孝誠敬之至不足以與此苟通其說則於治天下何難之有蓋治天下之本在感應之孚而難以政刑智數致之故非德之至誠之極則不足與知禘之說而於治天下亦不免以私意妄作幸其自治非見聞智慮之所

禮記禮運曰孔子曰我觀周道幽厲傷之吾舍魯何適矣魯之郊禘非禮也周公其衰矣

弁州論見成王賜伯禽天子禮

能及也

徵我觀周道。幽厲傷之。孔子適周。禮皆殘缺。不可得而考也。吾舍魯何適矣。周禮盡在魯也。魯之郊禘非禮也。周公其衰矣。成王命魯公。世世祀周公以天子禮樂。故周公若是其隆焉。及後世惠公請郊廟。遂祀羣公皆用天子禮樂。是天子禮樂。不屬諸周公而屬諸魯。屬諸魯而後周公之隆不可見矣。故曰其衰矣。郊祀天配后稷而不祀周公。天與后稷。非魯所得祀。則昉乎惠公之請者審矣。後世之禘。又非伯禽時之禘。故曰非禮。弁州先生以郊

樂辨

家語郊問

不王不禘禮記大傳

禘爲皆非後世之僭而謂晉文雄伯而有崇勳。襄辱王而郤請隧。魯弱國而未聞以僭禮樂討。且魯得僭之。齊晉先矣。奚待魯也。其言雖辨。孔子既曰非禮。則其非昉伯禽者審矣。且家語曰。魯無冬至大郊之事。降殺於天子。亦不深考已。夫祀周公以天子禮樂。既爲非常之典。則後世郊禘之非禮。亦得藉口。齊晉之不以僭討者。周公之餘威也。不王不禘之法。又魯之所當諱者。故以不知答之。此據程子之說。而以成王伯禽爲非禮。按明堂位。季夏六月。以禘禮祀周公於太廟。是祀周公用禘

呂覽當染篇

孟子公孫丑上

禮也。不曰禘周公。而曰以禘禮祀周公。則非禘者審矣。豈所謂天子禮樂者禘禮歟。抑將所謂天子禮樂者不必禘禮。而用禘禮者後世之僭歟。是未可知矣。意必因得用禘禮而遂禘焉耳。呂覽惠公所請郊廟之禮者。廟蓋謂禘歟。要之孔子所謂魯郊禘者。以當時言之。而非伯禽之舊也。

知其說者之於天下也。其如示諸斯乎。指其掌。古註。如指示掌中之物。言極易了。是不知示之爲眎也。其如示諸斯乎。如視天下於掌也。孟子曰。武丁朝諸侯有天下。猶運之掌也。語勢相同。

禘之說。朱子以仁孝誠敬之至言之。仁齋先生曰。治天下之本在感應之孚。是一端耳。夫禘禮弗傳。故後世自言知其說者皆妄矣。夫以古聖人之道。奉天道以行之。尊祖宗合諸天。禮樂刑政。皆受其命。是其大端也。諸儒爭務高其議論。而遺其大端。我所不取也。

祭如在祭神如神在子曰吾不與祭如不祭

【古】孔安國曰言事死如事生」孔安國曰謂祭百神」包氏曰孔子或出或病而不自親祭使攝者爲之故不致肅敬於心與不祭同

【新】程子曰祭祭先祖也祭神祭外神也祭先主於孝祭神主於敬愚謂此門人記孔子祭祀之誠意」

又記孔子之言以明之言已當祭之時或有故不得與而使他人攝之則不得致其如在之誠故雖已祭而此心缺然如未嘗祭也○范氏曰君子之祭七日戒三日齊必見所祭者誠之至也是故郊則天神格廟則人鬼享皆由己以致之也有其誠則有其神無其誠則無其神可不謹乎吾不與祭如不祭誠爲實禮爲虛也

古義祭祭先祖也祭神祭外神也朱氏曰此門人記孔子祭祀之誠意」夫子嘗言吾當祭之時或有故不得與而使他人攝之則此心缺然如未嘗祭也以與上文相類故附記之」夫子之於祭祀盡其誠如此」論曰祭祀之禮人道之本於是不盡其誠則人道缺焉其復何言夫人本於祖萬物本於天豺獺之賤皆知報本報本之心人之至情故聖人因其不得已之至情以立之宗廟具之犧牲陳之簠簋籩豆以伸其報本反始之情若於外神之祭或崇其德或報其功皆盡吾不得已之至情而已爾豈問其享與不享祭如在祭神如神在聖人事神之誠如此禮曰齊三日乃見其所爲齊者又曰

色斯舉矣鄉黨篇

祭之日入室僾然必有見乎其位周還出戶肅然必有聞乎其容聲出戶而聽愾然必有聞其嘆息之聲皆衰世失道之論而非聖人崇德之言也識者以祭義篇爲亂道之書可謂有見矣

徵 祭如在古經之言也祭神如神在釋經之言也下引孔子之言以證之如色斯舉矣章也大氐後儒深泥論語爲孔子語錄殊不知一時門人以其意錄之或記孔子言行或記詩書之義故其例不同者如此也程子曰祭祭先祖也祭神祭外神也本諸孔安國然祭豈必先祖乎神豈必外神乎可謂不知而爲之解已范氏曰有其誠則有其神無其誠則無其神不曰至不至而曰有無宋儒之廢

易上繫辭

文獻通考宗廟考

鬼神尚矣○仁齋先生曰○盡吾不得已之至情而已爾○豈問其享與不享○大氐後之賢者○其所見不勝阮瞻而上之○悲哉○剖樹以求花於其中○烏能見之○謂之無花可乎哉○易曰○知鬼神之情狀○是聖人之事也○後世儒者皆理學○烏能知之○又按○不曰如親在而曰如神在○事死如事生○語其心也○禮則否○雖親亦神之○雖妻亦拜之○可以見已○後儒昧乎禮而不知此義○故文公作家禮○主事死如事生之義○可謂陋已○文獻通考載天寶詔○宗廟祭引祭神如在○可見古來註家亦有不若孔安國說者矣○

王孫賈問曰與其媚於奧寧媚於竈何謂也子曰不然獲罪於天無所禱也

古 孔安國曰王孫賈衛大夫奧內也以喻近臣竈以喻執政賈執政者欲使孔子求昵之故微以世俗之言感動之也」孔安國曰天以喻君孔子拒之曰如獲罪於天無所禱於衆神

新 王孫賈衛大夫媚親順也室西南隅爲奧竈者五祀之一夏所祭也凡祭五祀皆先設主而祭於其所然後迎尸而祭於奧略如祭宗廟之儀如祀竈則設主於竈陘祭畢而更設饌於奧以迎尸也故時俗之語因以奧有常尊而非祭之主竈雖卑賤而當時用事喻自結於君不如阿附權臣也賈衛之權臣故以此諷孔子」天即理也其尊無對非奧竈之可比也逆理則獲罪於天矣豈媚於奧竈所能禱而免乎言但當順理非特不當媚竈亦不可媚於奧也○謝氏曰聖人之言遜而不迫使王孫賈而知此意不爲無益使其不知亦非所以取禍

古義 王孫賈衞大夫朱氏曰媚親順也至西南隅爲奥竈者五祀之一夏所祭也凡祭五祀皆先設主而祭於其所然後迎尸而祭於奥畧如祭宗廟之儀如祀竈則設主於竈陘祭畢而設饌於奥以迎尸也故時俗之語因以奥有常尊而非祭之主竈雖卑賤而當時用事喻自結於君不如阿附權臣也賈衞之權臣故以此諷孔子」言天至尊矣非奥竈之可比也苟獲罪於天則媚於奥竈所能禱而免乎明非但不可阿權臣雖君亦不可向」天之道直而已矣夫火上而水下鳥飛而魚潛草木植而華實時善者天下以爲善惡者天下以爲惡斯之謂直天地之間渾渾淪淪靡非斯道其欲以邪枉之道立於天地之間者猶投氷雪於湯火之中有遲有速必受其譴雖鬼神不能爲之福故曰獲罪於天無所禱也詩云永言配命自求多福

徵 孔安國奥以喩近臣、竈以喩執政。天以喩君。而無五祀之說。觀於無所禱也。則朱註爲優。朱註五

福善禍淫書湯誥

祀之禮。據鄭玄月令註。又王孫賈意。奥以喻君。竈以喻執政。而諷孔子。孔子直以天答之。若不知諷意者。然其言也厲。豈可謂之遜乎。王孫賈托禱祀言之。則孔子亦以禱祀答之。若不知諷意者。是所以爲孔子之言也。天道福善禍淫。故曰。獲罪於天。無所禱也。朱子乃曰。天卽理也。仁齋先生曰。天之道。直而已矣。其論非不美矣。然皆以已心言之。以知天自負。豈不倨乎。集註。凡祭五祀。皆設主而祭於其所。按鄭玄月令註。祀戶設主于戶內之西。竈在廟門外之東。中霤設主於牖下。祀門設主於門

鄭註周禮夏官大馭

左樞行在廟門外之西。爲軷。壤厚二寸。廣五尺。輪四尺。祀行之禮。北面設主于軷上。是也。其主。鄭註周禮。以菩芻棘柏爲之。菩音員。按字書。菩陽宮漢書作萯陽宮。萯音負之誤。鄭註聘禮。禮畢乘車轢之而遂行。廼知其主皆權時設之。祀畢弃之。非若宗廟之主也。

子曰周監於二代郁郁乎文哉吾從周

【古】孔安國曰監視也言周文章備於二代當從之

【新】監視也二代夏商也言其視二代之禮而損益之郁郁文盛貌○尹氏曰三代之禮至周大備夫子美其文而從之

大雅文王詩宜鑒于殷大學作儀鑒

古義 監視也郁郁文盛貌言其視夏商之禮而損益之故文章燦然以致其盛也聖人每惡奢而從儉今於周之禮則獨從其文之郁郁者何哉蓋道以得當爲貴自治之道不可不儉朝廷之禮不可不備夏商之禮質而不備周之禮文而得當此夫子所以特從周也聖人處事之權衡從而可知也

徵 周監於二代孔安國曰監視也皇侃邢昺疏以比視廻視解之以余觀之如儀監於殷之監蓋以二代爲監戒曲爲之防故制度詳密所以文也孔子從之以備也以時也仁齋先生曰聖人每惡奢而從儉今於周之禮則獨從其文之郁郁者何哉蓋道得當爲貴自治之道不可不儉朝廷之禮不可不備夏商之禮質而不備周之禮文而得當此

麻冕見子罕

夫子所以特從周也。可謂不知而強爲之解者已。林放問禮本。何以知其爲自治之禮。周監於二代。何以知其爲朝廷之禮。本文所無。取諸臆。豈不妄乎。禮有財物奢儉。皆以用財言之。豈文質之謂乎。季子旅泰山。可謂非朝廷之禮哉。而孔子引林放。豈非惡其奢邪。夫朝廷之禮。其用財物。豈不廣乎。朝廷而不貴儉。豈聖人之心哉。麻冕豈不用諸朝廷哉。且聖人之道。文也。夏以夏禮爲文。殷以殷禮爲文。周以周禮爲文。皆以其時也。當夏殷之時。豈有意於爲質乎。自後觀之而後以周爲文耳。文即

古曰語見禮記檀弓

子思謂見中庸

中也。非比並文質而取其中也。且以周爲文者。非就殷之質而加之以爲文也。且道以當爲貴者。出於何典。是朱子以當然之理訓道之見也。孰謂仁齋先生知道也。又曰。孔子於自治之道不取周禮。於朝廷之禮則取之。聖人處事之權衡也。夫禮豈事之倫哉。其人不知禮。故輕視禮爾。古曰。先王制禮。不敢不至。是孔門之教也。不然子思何謂憲章文武。大氐後儒動輒曰。萬世不易之禮。斯見錮其胸中耳。仁齋嘗謂宋儒先定。豈非操戈入其室邪。此章之言。孔子自言制作之意。當其時。俾孔子制

答顏子衛靈公篇

作。則從周者獨多也。亦如答顏子爲邦之問焉。

子入大廟每事問或曰孰謂鄹人之子知禮乎入大廟每事問子聞之曰是禮也

古 包氏曰大廟周公廟孔子仕魯魯祭周公而助祭也」孔安國曰鄹孔子父叔梁紇所治邑時人多言孔子知禮或人以爲知禮者不當復問」孔安國曰雖知之當復問愼之至也

新 大廟魯周公廟此蓋孔子始仕之時入而助祭也鄹魯邑名孔子父叔梁紇嘗爲其邑大夫孔子自少以知禮聞故或人因此而識之孔子言是禮者敬謹之至乃所以爲禮也〇尹氏曰禮者敬而已矣雖知亦問謹之至也其爲敬莫大於此謂之不知禮者豈足以知孔子哉

考義 大廟魯周公廟孔子始仕之時入而助祭也」鄹魯邑名孔子父叔梁紇嘗爲其邑大夫孔子自少以知禮聞或人因此識之夫子言不知而問卽是禮也蓋知之爲知之不知爲不知是知也之意

聖人之於禮固無所不知然但聞其名而於其器物事實則或有所未知者故始入大廟每事問耳亦謹之也或人未知道徒以講名物度數爲知禮故以此譏之夫子但曰是禮也其意以爲不知而問何禮知之夫闕疑好問者君子之心也苟以此爲心則智明識達於天下之事無所不得故曰是禮也猶曰是道也

徵子入大廟每事問古必有此禮故孔子曰是禮也孔安國曰雖知之當復問愼之至也是解禮意已朱註曰敬謹之至乃所以爲禮也是禮無之而孔子以口給禦人也爲在其爲孔子乎孔子曰是禮也豈不較然著明乎哉而猶云云者廼不信孔子之言而信或人之言也悲哉

武氏之子臧氏之子取證左傳顏氏之子易繫辭

鄹人之子。輕孔子之辭。它如武氏之子。臧氏之子。顏氏之子。皆指少年言之。

子曰射不主皮爲力不同科古之道也

古馬融曰射有五善焉一曰和志體和二曰和容有容儀三曰主皮能中質四曰和頌合雅頌五曰興武與舞同天子三侯以熊虎豹皮爲之言射者不但以中皮爲善亦兼取和容也」馬融曰爲力力役之事亦有上中下設三科焉故曰不同科

新射不主皮鄉射禮文爲力不同科孔子解禮之意如此也皮革也布侯而棲革於其中以爲的所謂鵠也科等也古者射以觀德但主於中而不主於貫革蓋以人之力有強弱不同等也記曰武王克商散軍郊射而貫革之射息正謂此也周衰禮廢列國兵爭復尚貫革故孔子歎之○揚氏曰中可以學而能力不可以強而至聖人言古之道所以正今之失

古義 皮革也。布侯而棲革於其中以爲的。所謂鵠也。科等也。古者鄉黨習射之禮。專主於中。而不主於貫革。以人之力有強弱也。曰古之道也者。嘆今之不然也。按射不主於皮。今見于儀禮鄉射禮。蓋古射法之語也。射之爲藝。其中可以學而能。其力不可以強而至。此古者之所以射不主皮也。蓋世道之變。治亂升降之所由而分。替者不可以復興。汙者不可以復隆。每一變必一衰。故雖服御器物民俗歌謠之小。君子必察焉。貫革之興。其變小也。然世道之不復古。於是可見。此夫子之所以深嘆也。

徵 射不主皮。爲力不同科。馬融曰。射有五善焉。一曰和。志體和。二曰和容。有容儀。三曰主皮。能中質。四曰和頌。合雅頌。五曰興武。與舞同。天子三侯。以熊虎豹皮爲之。言射者不但以中皮爲善。亦兼取和容也。爲力。力役之事。亦有上中下。設三科焉。故曰不同科。正義曰。二曰和容。衍和字。庶民無射禮。因田獵分禽。則有主皮者。張皮射之。無侯也。因按周禮。地官鄉大夫之職。各掌其鄉之政教禁令。正月之吉。受教法于司徒。退而頒之于其鄉吏。使各以教其所治。以攷其德行。察其道藝。以歲時登其夫家之衆寡。辨其可任者。國中自七尺以及六十。野自六尺以及六十有五。皆征之。其舍者。國中貴者賢者能者。服公事者老者疾者皆舍。以歲時入其書。三年則大比。攷其德行道藝而興賢者能者。

鄉老及鄉大夫帥其吏與其衆寡以禮禮賓之。厥明。鄉老及鄉大夫群吏。獻賢能之書于王。王再拜受之。登于天府。內史貳之。退而以鄉射之禮五物詢衆庶。一曰和。二曰容。三曰主皮。四曰和容。五曰興舞。此謂使民興賢。出使長之。使民興能。入使治之。此馬融所本。力役與禮射相關者如此矣。又按鄉射記曰。禮射不主皮。主皮之射者。勝者又射。不勝者降。鄭玄註曰。禮射謂以禮樂射也。大射賓射燕射是矣。不主皮者。貴其容體比於禮。其節比於樂。不待中爲雋也。言不勝者降。則不復升射也。主

皮者無侯張獸皮而射之主於獲也尚書傳曰戰
鬭不可不習故於蒐狩以閑之也閑之者貫之也
貫之者習之也凡祭取餘獲陳於澤然後鄉大夫
相與射也中者雖不中也取不中者雖中也不取
何以然所以貴揖讓之取也而賤勇力之取嚮之
取也於囿中勇力之取今之取也於澤宫揖讓之
取也澤習禮之處非所以行禮其射又主中此主
皮之射與朱子能引此而失其義蓋疑爲力之爲
力役遂以主皮爲貫革耳大氐後世儒者徒識字
而不知古言爲力爲政古言也主皮亦古言也不

知古言而欲以字解之。所以失也。古有禮射焉。有主皮之射焉。有貫革之射焉。禮射主禮樂。主皮之射主中的。貫革之射主力。凡言射者。如必也射乎類。皆禮射也。是君子之射也。主皮之射。庶民之射也。貫革之射。力士之射也。布侯而棲皮爲的。故中的爲主皮。朱子混皮革爲一。大誤矣。凡言革者。如袵金革及兵革。皆謂甲冑。故貫革者。謂其力穿甲札。豈不誤乎。又如揚氏中可以學而能。力不可以強而至。其於後世演武之射。尚且不知之。況於上古禮射乎。可悲哉。

子貢欲去告朔之餼羊子曰賜也爾愛其羊我愛其禮

古 鄭玄曰牲生曰餼禮人君每月告朔於廟有祭謂之朝享魯自文公始不視朔子貢見其禮廢故欲去其羊」包氏曰羊存猶所以識其禮羊亡禮遂廢

新 告朔之禮古者天子常以季冬頒來歲十二月之朔于諸侯諸侯受而藏之祖廟月朔則以特羊告廟請而行之餼生牲也魯自文公始不視朔而有司猶供此羊故子貢欲去之」愛猶惜也子貢蓋惜其無實而妄費然禮雖廢羊存猶得以識之而可復焉若併去其羊則此禮遂亡矣孔子所以惜之〇楊氏曰告朔諸侯所以稟命於君親禮之大者魯不視朔矣然羊存則告朔之名未泯而其實因可舉此夫子所以惜之也

古義 古者天子常以季冬頒來歲十二月之朔於諸侯諸侯受而藏之祖廟月朔則以特羊告廟請

文獻不足故也　本篇
賢者識其大者　子張篇

而行之謂之告朔之禮餼生牲也魯自文公始不視朔而有司猶供此羊故子貢以爲不行其禮徒供此羊此虛文耳故欲去之也」愛猶惜也夫子言若汝可謂愛羊今我所幸者在羊存耳禮雖廢猶得賴羊以識之若併去其羊則此禮遂亡此我所以惜之也」禮理也羊物也禮隆則物賤禮汚則物貴蓋禮隆則義爲之主用牛不可則用羊用羊不可則用豕故禮隆則物賤也禮汚則文爲之主循物則爲禮違物則非禮故禮汚則物貴也及乎其益衰也則人惟以物識禮而禮因物而存亡於是物益貴焉故存羊卽所以存禮也子貢欲去餼羊其未達於此義乎

徵先王之禮○古未載簡○載簡自孔子始○蓋孔子有得諸遺文者○又有得諸聞見者○如文獻不足故也○賢者識其大者○不賢者識其小者○豈不然乎○去羊則禮不可得而見之○孔子所以愛也○且孔子求禮

禮記禮器曰禮也者猶體也

禮記仲尼燕居曰禮也者理也

古云書仲虺之誥

古曰已見

也難。故愛之。且禮者體也。道之體也。禮亾則道隨亾。豈不惜乎。仁齋先生解曰。禮理也。羊物也。禮隆則物賤。禮汚則物貴。葢禮隆則義爲之主。用牛不可則用羊。用羊不可則用豕。此其人尊孟子過於孔子。蓋嫌此章之義似碍宣王以羊易牛之說。故爲此言耳。殊不知孔子惜周禮之垂亾。孟子廼在禮亾之世。誘宣王以仁政。所主不同。有何窒碍也。且禮理也。出戴記。而理訓治。其以義理解之。謬矣。古云。以禮制心。以義制事。是禮與義殊也。古曰。先王制禮。不敢不至。如之何遽以義變之哉。且子貢之愛羊。豈憐其無罪就死地乎。亦惜費耳。孔子欲不廢羊。而已則欲易以豕。果何心乎。告朔之餼羊。僖三十三年左傳。餼牽竭矣。餼與牽相對。牽是牲。可牽行。則餼是已殺。哀二十四年左傳。晉師乃還。餼藏石牛。是以生牛賜之也。聘禮註及論語皆云牲生曰餼。由不與牽相對。故爲生也。告朔周禮大史職。頒告朔于邦國。鄭玄曰。天子頒朔于諸侯。諸侯藏之祖廟。至朔。朝于廟告而受行之。春秋文公六年。閏月不告月。猶朝于廟。左氏傳曰。閏月不告朔。非禮也。閏以正時。時以作事。事以厚生。生民之道。於是乎在矣。不告閏朔。棄時政也。何以爲民。文公十六年夏五月、公四不視朔。穀梁傳曰、天子告朔于諸侯、諸侯受乎禰廟、禮也。公四不視朔、公不臣也。以公爲厭政以甚矣。何休曰、禮、諸侯受十二月朔政于天子。藏于太祖廟。每月朔朝廟。使大夫南面奉天子命。君北面而受之。比時使有司先告朔。謹之至也、受於廟者、孝子歸美先君、不敢自專也。言朝者、緣生以事死。親在朝、朝莫夕。已死、不敢渫鬼神、故事必于朔者。感月始生而朝、僖公五年左傳曰、正月辛亥朔、日南至、公既視朔、遂登觀臺。

以望而書。禮也。杜註。視朔。親告朔也。襄二十九年正月。公在楚。左傳曰。釋不朝正于廟也。玉藻曰。天子聽朔於南門之外。諸侯皮弁以聽朔於太廟。釋例曰。人君者。設官分職。以爲民極。遠細事以全委任之責。縱諸下以盡知力之用。揔成敗以效能否。執八柄以明誅賞。故自非機事。皆委任焉。誠信足以相感。事實盡而不擁。故受位居職者。思効忠善。日夜自進而無顧忌也。天下之細事無數。一日二日萬端。人君之明有所不照。人君之力有所不堪。則不得不借問近習有時而用之。如此則六卿六遂之長。雖躬履此事。躬造此官。當皆移聽於內官。廻心於左右。政之粃亂。恒必由此。聖人知其不可。故簡其節。敬其事。因月朔朝。遷坐正位。會群吏而聽大政。考其所行而决其煩疑。非徒議將然也。乃所以考已然。又惡其密聽之亂公也。故顯衆以斷之。是以上下交泰。官人以理。萬民以察。天下以治也。文公謂閏非常月。緣以闕禮。傳因所闕而明言典制。雖朝于廟。則如勿朝。故經稱猶朝于廟也。經稱告月。傳言告朔。明告月必以朔也。每月之朔。必朝于廟。因聽政事。事敬而禮成。故告以特羊。合而觀之。告朔告月一也，朝廟朝正一也，視朔聽朔一也。三者相因耳，祇告朔據論語春秋則告于廟之義，據穀梁則天子告于諸侯，而周禮似亦同穀梁也。意者天子既告于廟，而以其所告于廟者頒之諸侯，故曰頒告朔，而穀梁字誤耳。所告之廟，穀梁以爲禰廟，何休以爲太祖廟。以理推之，何休爲優也。然漢儒又以司尊彝職朝享合諸祭法月祭而謂卽朝廟之事，月祭唯考廟王考廟皇考廟，故穀梁以爲禰廟歟。其實經無明文，漢儒以臆道之，蓋告朔之羊，因告而祭之，非正祭也。故朝享月祭恐別矣。又按文公十六年公羊傳曰。公曷爲四不視朔。公有疾也。何言乎公有疾不視朔。自是公無疾不視朔也。然則曷爲不言公無疾不視朔。有疾猶可言也。無疾不可言也。解論語者。謂魯自文公不視朔。據公羊之文焉。又皇侃曰。鄭註論語云。諸侯用羊。天子用牛。

子曰。事君盡禮。人以爲諂也。

古 孔安國曰。時事君者多無禮。故以有禮者爲諂。

新 黃氏曰。孔子於事君之禮。非有所加也。如是而後盡爾。時人不能。反以爲諂。故孔子言之。以明禮之當然也。○程子曰。聖人事君盡禮。當時以爲諂。若他人言之。必曰我事君盡禮。小人以爲諂。而孔

子之言止於如此聖人道大德宏此亦可見

古義 魯之人士仰夫子之聖德久矣而夫子自以臣子之禮處之於事君之禮自莫不盡且春秋時不知事君之禮故時人見夫子事君盡禮以爲諂也」此夫子傷當時之薄俗而歎之也人臣之於君以盡禮爲本識夫子以爲諂者本非昏愚柔懦之人必是揚己敖物不知遜讓者之言其流必至於賊道故君子惡焉荀子之言曰道義重則輕王侯非也王侯豈可輕者耶其輕王侯者適其所以不知道義也

徵 事君盡禮人以爲諂也爲魯發也孔安國曰時事君者多無禮故以有禮者爲諂此或然也然秦以後君臣之禮與三代異焉故後世讀春秋時之書以爲無禮者未必皆爲無禮且孔子未嘗事它

荀子修身篇

孟子盡心篇

國唯魯衞則爲魯發者審矣仁齋先生曰人臣之於君以盡禮爲本識夫子以爲諂者本非昏愚柔懦之人必是揚己敖物不知遜讓者之言其流必至於賊道故君子惡焉荀子之言曰道義重則輕王侯非也王侯豈可輕者邪其輕王侯者適其所以不知道義也予讀其書至此益知其操心之僻也孟子曰說大人則藐之在孟子則是之在荀子則非之果何心哉大氐山林之士召見於王侯之前廟堂之禮百官之儀皆其平生所不習見卒然遇之怯者氣奪而不能言勇者有所矜而言激是

亾它也積威之漸也入門執戟森如上殿執法威如抗聲大言則譙之濶武徐步則訶之初而傴中而僂卒而膝行不敢仰眎俯伏不敢興是世俗之禮也蓋先王之知其卒必至如此乃作人臣之禮進退有節佩玉鏘如者不欲若是其遽也拜興有度張拱翼如者不欲若是其卑也是豈翅爲美觀哉所以優人臣也夫然後君不以奴隷眎其臣而臣得盡其言此三代之禮也故先王之思淵矣哉士之見大人不能不見其巍巍然也是以制此優游不迫之禮使進退以之其心存乎禮樂而不見

其巍巍然者。既以此爲禮。君亦不尤其似乎慢焉。至矣哉。如曲禮曰。大夫見於國君。國君拜其辱。士見於大夫。大夫拜其辱。君於士不答拜也。非其臣則答拜之。大夫於其臣。雖賤必答拜之。國君不名卿老世婦。大夫不名世臣姪娣。士不名家相長妾。故孔子見南子。南子拜。非以客禮也。雖臣亦然。又如聘禮。大夫使鄰國。其君迎于門。其所以異於國君者。以內外已。君揖入。每門每曲揖。入廟門三揖。至于階三讓。其所以異於國君者。君一臣二。已升堂君受玉。其所以異於國君者。亦君一臣二。已豈不然乎。戰國之時。先王之禮廢而君益倨。臣益卑。故孟荀之言興。究其弊。亦或有若仁齋之言者。及秦并天下。倨者益倨。卑者益卑。其所定以爲朝廷之制者世俗之禮耳。後世不改。一沿其制。故秦漢以後。以無禮責其臣者。皆暗君也。獲無禮之譏者。多爲忠臣也。何者。喜則賞。怒則罰。賞罰之權在君。臣安得輕之。故能輕王侯藐大人者。秦漢而後。是爲君子。禮殊故也。段使後世人君視於三代人臣。則其不以爲無禮者幾希矣。仁齋不之知而非荀子者。亦爲其不知禮故也。且下章曰。君使臣以禮。

臣事君以忠。是臣之事君。不患其無禮。而患其不忠。勢之必至也。故孔子不言禮。以此觀之。予故知此章之言。孔子爲魯發焉。三家強而公室弱。人皆附三家而輕公室。習以爲常。故以孔子爲諂者有之。而孔子違俗而必盡其禮。亦所以張公室抑三家也。

定公問君使臣臣事君如之何孔子對曰君使臣以禮臣事君以忠

【古】孔安國曰。定公。魯君謚。時臣失禮。定公患之。故問之。

【新】定公。魯君名宋。二者皆理之當然。各欲自盡而已。○呂氏曰。使臣不患其不忠。患禮之不至。事君

不患其無禮患忠之不足尹氏曰君臣以義合者也故君使臣以禮則臣事君以忠

【古義】定公魯君名宋以尊臨卑易以簡故爲君之道在使臣以禮以下事上易以欺故爲臣之道在事君以忠君而無禮則失臣臣而不忠則身戮故聖人之言猶規矩繩墨乎從之則吉違之則凶所以爲天下之極也非若佛老異端之書可以高遠奇特求之而得也

【徵】君使臣以禮則臣事君以忠古文辭簡爾何者定公之問也臣者君之所與共天職也故君使臣以禮臣者代君之事者也故臣事君以忠然施之必由君始焉但以易簡易欺言之補弊之言耳

子曰關雎樂而不淫哀而不傷

【古】孔安國曰樂不至淫哀不至傷言其和也

【新】關雎周南國風詩之首篇也淫者樂之過而失其正者也傷者哀之過而害於和者也關雎之詩言后妃之德宜配君子求之未得則不能無寤寐反側之憂求而得之則宜其有琴瑟鐘鼓之樂蓋其憂雖深而不害於和其樂雖盛而不失其正故夫子稱之如此欲學者玩其辭審其音而有以識其性情之正也

【古義】關雎周南國風詩之首篇也淫者樂之過而失其正也傷者哀之過而害於和也蓋關雎之樂其聲雖樂而不至淫雖哀而不至傷使聞者自得性情之正故夫子贊之此專美關雎聲音之盛而言當與師摯之始關雎之亂章參看夫聲音之妙可以感動鬼神而況於人乎關雎之樂能合於中和之德而歸于性情之正夫子之所以取之也蓋樂者人情之所宜有而哀亦人情之所不免苟欲去人情之所宜有則至於絕物欲滅人情之所不免則至於害性但關雎之樂其音樂而不淫哀而不傷聞之者邪穢蕩滌查滓融化自得性情之正樂之至美者也然而詩言志歌永言聲依永律和

聲則詩其本也苟讀詩而善得其志則聲音自在其中矣按小序云關雎者后妃之德也本不言何王后妃蓋言后妃之德宜如此鵲巢關雎之應也其序云鵲巢者夫人之德也亦不的言何國夫人則所謂后妃亦不斥言何王后妃爲是今觀小序之作其首句文辭古奥實出於古人之手其爲國史之作明矣其下云云者猥瑣鄙俚不足觀之且自相矛盾不可據以爲信故今據小序首句爲斷

【徵】關雎樂而不淫哀而不傷語其聲也朱註關雎之詩言后妃之德宜配君子求之未得則不能無寤寐反側之憂求而得之則宜其有琴瑟鐘鼓之樂蓋其憂雖深而不害於和其樂雖盛而不失其正故夫子稱之如此欲學者玩其辭審其音而有以識其性情之正也是主辭義言之非矣主辭義

禮記雜記喪稱哀子

詩蓼莪篇哀哀父母

左傳襄公二十九年

言之樂而不淫尚可言矣至於哀字則如孤哀子之稱及哀哀父母皆施於死喪者於關雎之詩實無其事故朱子易以憂字可見其謬已樂記曰治世之音安以樂亂世之音怨以怒亡國之音哀以思宮亂則荒商亂則陂角亂則憂徵亂則哀羽亂則危其聲哀而不莊樂而不安絲聲哀竹聲濫左傳季札觀樂爲之歌豳曰美哉蕩乎樂而不淫爲之歌頌曰哀而不愁樂而不荒皆以聲言之可以見已孔安國曰樂不至淫哀不至傷言其和也蓋言其得中和之聲也古註之不可易如此

哀公問社於宰我宰我對曰夏后氏以松殷人以柏周人以栗曰使民戰栗子聞之曰成事不說遂事不諫旣往不咎

〔古〕孔安國曰凡建邦立社各以其土所宜之木宰我不本其意妄爲之說因周用栗便云使民戰栗」包氏曰事已成不可復解說」包氏曰事已遂不可復諫止」包氏曰事已往不可復追咎孔子非宰我故歷言此三者欲使愼其後

〔新〕宰我孔子弟子名予三代之社不同者古者立社各樹其土之所宜木以爲主也戰栗恐懼貌宰我又言周所以用栗之意如此豈以古者戮人於社故附會其說與」遂事謂事雖未成而勢不能已者孔子以宰我所對非立社之本意又啓時君殺伐之心而其言已出不可復救故歷言此以深責之欲使謹其後也○尹氏曰古者各以所宜木名其社非取義於木也宰我不知而妄對故夫子責

之

古義 宰我孔子弟子名予古者建邦立社必植樹以爲主王者受命王天下必改前代之制以新人之觀聽三木皆老蒼堅強隨地能生故三代建國自王朝至於侯國植之以爲社主至周兼寓使民畏刑之意蓋以古者戮人於社也戰栗恐懼貌宰我從解周人用栗之意如此」言凡事既成矣不可得復解說已遂矣不可復諫止已往矣不可復追咎孔子以宰我所對既啓時君殺伐之心而其言已出不可復救故歷言此以深責之欲使謹其後也」人君之德莫大於愛民故古之君子與人君言必以愛民爲本救民爲急夫萠蘖之生灌溉培養之猶恐其或不得生況可屈折剪伐之以殘其生乎故可啓人君殺伐之心者君子諱言之恐其傷仁義之良心也孟子曰君子遠庖廚蓋爲此也夫子之深責宰我宜矣

徵 哀公問社於宰我。邢昺疏。張包周本。以爲哀公

問主於宰我杜元凱何休用之以解春秋皇侃疏
亦曰鄭註論語爲問主今按練主用栗見於傳記
則作主爲是使民戰栗敬也是宰我以意解之成
事不說遂事不諫旣往不咎三句古語孔子誦之
以責宰我蓋主用栗其義不傳若以意爲之解穿
鑿傳會所由興也故孔子不取爾孔安國本主作
社曰凡建邦立社各以其土所宜之木宰我不本
其意妄爲之說因周用栗便云使民戰栗朱子曰
豈以古者戮人於社故附會其說與孔子以宰我
所對非立社之本意又啟時君殺伐之心故責之

枌榆社見漢書郊祀志

仁齋曰王者受命王天下必改前代之制以新人之觀聽三木皆老蒼堅強隨地能生故三代建國自王朝至于侯國植之以爲社主至周兼寓使民畏刑之意是仁齋意謂社主之制通於天下故不取土宜之說朱子求孔子所以責宰我之意不可得則旁采戮人於社之義是豈宰我之附會哉夫周用栗其義在當時宰我既已不知而數百載之後孔安國言之千有餘歲之後朱子又言之豈非臆斷乎使孔子聞之豈不以責宰我者責之邪旁考它書有枌榆社櫟社而不必皆松柏與栗則社

櫟社見莊子人間世

主。通於天下者非矣。且社豈有主哉。祀天於郊圓丘。地於方澤。名山大川與社稷。皆類焉耳。其無主者審矣。且松柏栗之為社。無徵也。練主用栗有徵也。故舍彼而從是。

子曰管仲之器小哉或曰管仲儉乎曰管氏有三歸官事不攝焉得儉然則管仲知禮乎曰邦君樹塞門管氏亦樹塞門邦君為兩君之好有反坫管氏亦有反坫管氏而知禮孰不知禮

古 言其器量小也。包氏曰或人見孔子小之以為謂之太儉。包氏曰三歸娶三姓女婦人謂嫁為歸攝猶兼也禮國君事大官各有人大夫兼并今管仲家臣備職非為儉。包氏曰或人以儉問故荅以安得儉或人聞不儉便謂爲得禮」鄭玄曰反坫反爵之坫在兩楹之間人君有別內外於門樹屏以蔽之若與鄰國爲好會其獻酢之禮更酌酌畢則各反爵於坫上今管仲皆僭爲之如是不知禮

[新]管仲齊大夫名夷吾相桓公霸諸侯器小言其不知聖賢大學之道故局量褊淺規模卑狹不能正身脩德以致主於王道」或人蓋疑器小之爲儉三歸臺名事見說苑攝兼也家臣不能具官一人常兼數事管仲不然皆言其侈」或人又疑不儉爲知禮屏謂之樹塞猶蔽也設屏於門以蔽內外也好謂好會坫在兩楹之間獻酬飲畢則反爵於其上此皆諸侯之禮而管仲僭之不知禮也○愚謂孔子譏管仲之器小其旨深矣或人不知而疑其儉故斥其奢以明其非儉或又疑其知禮故又斥其僭以明其不知禮蓋雖不復明言小器之所以然而其所以小者於此亦可見矣故程子曰奢而犯禮其器之小可知蓋器大則自知禮而無此失矣此言當深味也蘇氏曰自脩身正家以及於國則其本深其及者遠是謂大器揚雄所謂大器猶規矩準繩先自治而後治人者是也管仲三歸反

坫桓公内嬖六人而霸天下其本固已淺矣管仲死桓公薨天下不復宗齊楊氏曰夫子大管仲之功而小其器蓋非王佐之才雖能合諸侯正天下其器不足稱也道學不明而王霸之略混爲一途故聞管仲之器小則疑其爲儉以不儉告之則又疑其知禮蓋世方以詭遇爲功而不知爲之範則不悟其小宜矣

古義 管仲仲齊大夫名夷吾相桓公霸諸侯器者所以成其用也春秋傳曰霸王之器是也器小謂管仲所執之具甚小不稱用也」或人疑器小之爲儉三歸義未詳或曰臺名攝猶兼也家臣每一人必兼治數事管仲不然皆言其侈爲禮者好備物故又疑不儉之爲知禮屛謂之樹塞猶蔽也設屛於內以蔽內外也坫在兩楹之間獻酬飲畢則反爵於其上黃氏震曰反坫累土而爲之如今行在所之騏驥院牛羊司與凡營壘多於臺門內立土牆之類按汲冢周書云乃立五宮咸有四阿反坫註云反坫外向室也豈兩君之好必欲容其儀衛而爲此外向之室世遠不可知此皆諸侯之禮而管

氏僭之夫子所以譏其不知禮也兩說如此然近世多從黄氏之説以德行仁則王以力假仁則霸管仲相桓公霸諸侯自世俗觀之其施爲事業固爲赫赫焉然止於此耳若使管仲聞聖賢之學唐虞三代之治豈難致哉子游爲武城宰以禮樂爲治曰割雞焉用牛刀謂之物小而器大若管仲之相齊專尚霸術功利是務不能致主於王道是割牛用雞刀謂之物大而器小宜夫子譏管仲之器小也後之居宰職者不可不知所從也

徵孔子無尺土之有。亦異於湯與文武焉。使孔子見用於世邪。唯有管仲之事已。然其時距文武五百年。正天命當革之秋也。使孔子居管仲之位則何止是哉。故孔子與其仁而小其器。蓋惜之也。亦自道也。夫孔子小之。而終不言其所以小之。可以

揚雄言見法言先知篇

說苑善說篇

見已。夫管仲以諸侯之相。施政於天下。可謂大器已。而孔子小之。或人之難其解。不亦宜乎。揚雄曰。大器猶規矩準繩。先自治而後治人。是書生常言。程朱諸家所祖述。是而爲大。咀宋儒糟魄者。皆能勝管仲而上之哉。程子曰奢而犯禮。其器之小可知。是論經奪席者之言。可謂能言此章之義而縱橫無敵已。其不解孔子之言。亦何殊夫或人哉。仁齋曰。器小。謂管仲所執之具甚小。不濟用也。可謂不知字義已。大氐詩學不傳矣。後儒之不知微言也。三歸未詳。何謂。說苑曰。桓公立仲父。致大夫曰。

左右中立馮厚齋說算法金仁山說共見大全

晏子雜篇下

善吾者入門而右。不善吾者入門而左。有中門而立者。桓公問焉。對曰。管子之知。可與謀天下。其強可與取天下。君恃其信乎。內政委焉。外事斷焉。驅民而歸之。是亦可奪也。桓公曰善。乃謂管仲。政則卒歸於子矣。政之所不及。唯子是匡。管仲故築三歸之臺。以自傷於民。是三歸之爲臺審矣。至於所以名三歸之義者。或以左右中立。或引算法。皆鑿矣。包咸謂娶三姓。而引婦人謂嫁爲歸。最非矣。按晏子春秋曰。晏子相景公。老辭邑。公不許曰。昔吾先君桓公。有管仲。恤勞齊國。身老。賞之以三歸。澤及子孫。今夫子亦相寡人。欲爲夫子三歸。澤至子孫。豈不可哉。對曰。昔者管子事桓公。桓公義高諸侯。德備百姓。今嬰事君也。國僅齊於諸侯。怨積乎百姓。嬰之罪多矣。而君欲賞之。豈以其不肖父。其不肖子。厚受賞。以傷國民義哉。且夫德薄而祿厚。智惛而家富。是彰汚而逆教也。不可。公不許。晏子出。異日朝。得間而入邑。致車一乘而後止。是三歸。桓公之所賜也。以澤及子孫及致車一乘觀之。豈如後世封戶之制歟。得食其入而不封戶。則不得役其民也。古者食采邑。亦得食其入。而車乘供公家之賦。其併車乘之賦。歸諸私家。賞之厚者也。其制蓋有三歸焉。而管仲以此造臺邪。然至於三歸之名。則終未可知已。反坫。鄭玄曰。反爵之坫。在兩楹之間。皇侃曰。坫者築土爲之。形如土堆。又曰。兩楹者。古者屋當棟下隔之。棟後謂之室。棟前謂之堂。假三間堂。而中央之間堂。無東西壁。其柱盈盈而立。故謂柱爲楹。郊特牲曰。臺門而旅樹。反坫。繡黼丹朱中衣。大夫之僭禮也。明堂位曰。山節藻梲。復廟重檐。刮楹達鄉。反坫出尊。崇坫康圭。疏屏。天子之廟飾也。鄭玄曰。反坫。反爵之坫也。出尊。當尊南也。唯兩君爲好，既獻反爵於其上。禮君尊于兩楹之間，崇高也。康讀爲亢龍之亢，又爲高坫亢所受之圭奠于上焉。孔穎達曰：鄉飲酒是鄉大夫之禮，尊於房戶間；燕禮是燕己之臣子，故尊於東楹之西；若兩君相敵，則尊於兩楹間。邢疏因之。然但釋鄭註在兩楹之間耳。其實鄉飲酒禮、燕禮皆無反坫之文。士冠禮曰：爵弁、皮弁、緇布冠各一匴，執以待於西坫南。大射禮曰：取公之決拾於東坫上。士喪禮曰：牀笫夷衾，饌于西坫南。既夕禮曰：設棜于東堂下，南順，齊于坫。內則曰：天子之閣，左達五

爾雅釋宮

升庵外集經說部

右達五公侯伯於房中五大夫於閣三士於坫一。爾雅曰垝謂之坫。郭註在堂隅。坫端疏曰坫者堂角也。說文曰坫屏也。垝垣也。汲冢周書作雒解曰五宮。大廟宗宮考宮路寢明堂。咸有四阿反坫。孔鼂註。廟四下曰阿。反坫外向室也。升庵外集引此作回阿而曰此外向之坫也。合而觀之蓋坫在堂角。其制如屏垣。其上可庴物。貴賤之室皆有之。唯反坫爲天子廟飾已。所以謂之反坫者。豈其制外向。有異於群下之坫歟。曰邦君爲兩君之好有反坫。則雖廟飾亦屏類已。可移而撤之。爲兩君之好

外集節略禮書引之

則設之。否則撤之。若後世所傳之坫。則托子類。其物極小。豈可謂之廟飾乎。陳祥道禮書謂此反爵坫也。此庋食坫也。此堂隅坫也。者誤矣。

子語魯大師樂曰樂其可知也始作翕如也從之純如也皦如也繹如也以成

古 大師樂官名五音始奏翕如盛從讀曰縱言五音既發放縱盡其聲音純純和諧也言其音節明也縱之以純如皦如繹如言樂始翕如而成於三

新 語告也大師樂官名時音樂廢缺故孔子教之翕合也從放也純和也皦明也繹相續不絕也成樂之一終也謝氏曰五音六律不具不足以爲樂翕如言其合也五音合矣清濁高下如五味之相濟而後和故曰純如合而和矣欲其無相奪倫故曰皦如然豈宮自宮而商自商乎不相反而相

連如貫珠可也故曰繹如也以成

古義 語告也大師樂官名翕合也聚也言樂有八音初起氣聚而不舒矣從讀爲縱放也純和也言樂之既放和而不乖猶五味相濟以相和也皦明也五音六律明而不混也繹相續不絶如貫珠也成樂之一終也言樂之節奏如此故其感于人心者亦然當時音樂殘缺伶官唯知論五音六律而不知樂之節奏有自然之序而其和在於絲毫之間況於其通性情心術之微者乎夫樂之於天下猶拕之於舩或左或右隨其所轉將之於卒或進或退從其指麾治亂盛衰每與聲音相通故夫子爲大師一一指點而示之也

徵 樂其可知也樂至難知然伶人爲樂唯翕純皦繹而已故曰樂其可知也古註五音始奏翕如盛也莫以尚焉蓋凡樂之初起也貴盛不盛不繼猶

如詩之起句邪。然必族放縱之然後和。和則若一。謂之純。如。謝氏曰。五音六律不具。不足以爲樂翕如言其合也。朱註因之。仁齋先生曰。樂有八音。初起氣聚而不舒也。殊不知翕純皦繹。皆語樂之物也。如二家之說。不善樂者亦爾。且五音六律之具。通樂之一終者也。豈初起而皆具乎。可謂不知而爲之解已。皦如也。古註言其音節明也。莫以尚焉。仁齋曰。五音六律明而不混。妄哉。豈有五音六律並奏者乎。以成。古註。縱之以純如皦如繹如。言樂始作翕如。而成於三。莫以尚焉。朱註。成樂之一終也。非也。言始作至一終。唯此耳。本文唯言始作縱之二者。而純皦繹。節節皆爾。豈得謂若是而一成乎。

儀封人請見曰君子之至於斯也吾未嘗不得見也從者見之出曰二三子何患於喪乎天下之無道也久矣天將以夫子爲木鐸

古 鄭玄曰儀蓋衛邑封人官名包氏曰從者弟子隨孔子行者通使得見」孔安國曰語諸弟子言何患於夫子聖德之將喪亡邪天下之無道已久矣極衰必盛」孔安國曰木鐸施政教時所振也言天將命孔子制作法度以號令於天下

新 儀衛邑封人掌封疆之官蓋賢而隱於下位者也君子謂當時賢者至此皆得見之自言其平日

不見絶於賢者而求以自通也見之謂通使得見喪謂失位去國禮曰喪欲速貧是也木鐸金口木舌施政教時所振以警衆者也言亂極當治天必將使夫子得位設教不久失位也封人一見夫子而遽以是稱之其所得於觀感之間者深矣或曰木鐸所以狥于道路言天使夫子失位周流四方以行其教如木鐸之狥于道路也

古義 儀衛邑封人掌封疆之官朱氏曰蓋賢而隱於下位者也君子謂當時賢者至此皆得見之自言其平日不見絶於賢者而求以自通也」朱氏曰喪謂失位去國禮曰喪欲速貧是也木鐸金口木舌古文教用之蓋施政教時所振以警衆者也言天下久亂道將自絶故天將使夫子爲木鐸詔道於萬世一時得喪豈足以爲患乎」門人親愛夫子深矣故不得不以其失位爲患封人一見夫子遽以木鐸稱之其所以慰喻弟子者至矣蓋不以一時得喪爲患而以木鐸萬世爲幸其見可謂卓矣嗚呼異哉

徵 武事振金鐸。文事振木鐸。以狥道路爲義。朱註後說爲是。儀封人之言。知命之言。知孔子爲萬世師。蓋孔子取之。故錄。以當得位爲解。非矣。

子謂韶盡美矣又盡善也謂武盡美矣未盡善也

古 孔安國曰韶舜樂名謂以聖德受禪故盡善孔安國曰武武王樂也以征伐取天下故未盡善

新 韶舜樂武武王樂美者聲容之盛善者美之實也舜紹堯致治武王伐紂救民其功一也故其樂皆盡美然舜之德性之也又以揖遜而有天下武王之德反之也又以征誅而得天下故其實有不同者○程子曰成湯放桀惟有慙德武王亦然故未盡善堯舜湯武其揆一也征伐非其所欲所遇之時然爾

古義 韶舜樂武武王樂美者聲容之盛善者美之實也美者如鐘鼓管籥之音干戚羽旄之容是也

善則指其德而言所謂聞其樂而知其德是也舜以揖遜而有天下武王以征伐而得天下此韶之所以盡美盡善而武之未盡善也聖人右文而左武崇德而惡殺故其言如此蓋論其樂云然非論舜武之優劣也。

徵 韶盡善，武未盡善。孔安國以來，以受禪征伐分其優劣，而美善無明解。朱子據邢昺以美爲聲及舞之美，善爲美之實，果其言之，是乎？武爲實不足而外飾聲容之美也。且所謂美之實者，將何以見之？其說以揖遜放伐言之，則不關樂，但就舜武行事斷之也。且不及夏濩而止舉韶武，亦何意也？且揖遜獨爲盡善，則夏傳子者，謂何？放伐必爲未盡善則何遺蔑也。要之後世儒者不識聖人與道。忽見孟子性之身之等言。妄生優劣。轉以解此章者已。夫善美皆謂樂。何關舜武行事哉。蓋美誠聲容之美。然亦德之美矣。微德之美。何以形諸聲容哉。和正以廣極乎天而蟠乎地。泱泱渢渢熙熙乎以盛。洋洋乎盈耳。是謂之美。故美者以其大者言之也。善歌善舞。善琴善笛。皆以善言之。善豈外聲容乎。一事一節之細。莫不曲當律小大之稱比終始之序。使親疎貴賤長幼男女之理皆形見於樂。是謂之善。故善者以其小者言之也。聖人之作樂。豈躬自作之亦必有后夔之倫爲之輔古今人才之盛唯虞與周故四代之樂韶武獨盡美焉耳至於武之未盡善則有司之失傳也不然周工之不及后夔也樂記曰聲淫及商何也對曰非武音也子曰若非武音則何音也對曰有司失其傳也若非有司失其傳則武王之志荒矣子曰唯丘之聞諸萇弘亦若吾子之言是武未盡善之說也

子曰居上不寬爲禮不敬臨喪不哀吾何以觀之哉

古註無

【新】居上主於愛人故以寬爲本爲禮以敬爲本臨喪以哀爲本旣無其本則以何者而觀其所行之

得失哉

古義 居上者以寬爲道而不欲好察禮以敬爲本而不在文飾喪以哀爲主而不在備物居上不寬則下無全人爲禮不敬臨喪不哀則本實既亡何所觀感邪

徵 居上不寬章朱註爲得之言本立而其所行得失可得而觀也本之不立雖有善不足觀耳觀政觀禮觀喪古有此事觀其得失善者效之不善戒之也蓋寬者謂有容也一國之君子蓄一國之民天下之君子蓄天下之民唯寬也有所容焉有所容焉而後群下得措其身焉然後有所養而安焉故寬者仁之本也不曰仁者仁至矣不仁至矣苟

不仁邪，尚何須觀也。不曰慈惠者，慈惠而不寬者有之，未有寬而不慈惠者也。聖人之言，如遠而實近者，如是邪。禮以敬爲本，敬天與祖宗也。後儒或以寬假，或以主一無適爲解者，皆不識古言也。不識聖人之道也。臨喪者，吾臨他人之喪也。臨他人之喪必哭，故或謂哭爲臨。

論語徵集覽卷之三

論語徵集覽卷之四

魏　何晏　集解

宋　朱熹　集註

大日本　藤維楨　古義

物茂卿　徵

從四位侍從源賴寛　輯

里仁第四

子曰里仁爲美擇不處仁焉得知

【古】鄭玄曰里者仁之所居居於仁者之里是爲美（疏）鄭玄曰求居而不處仁者之里不得爲有知

【新】里有仁厚之俗爲美擇里而不居於是焉則失其是非之本心而不得爲知矣

古義 言里有仁厚之俗人猶以爲美而居之擇所以處身者而不於仁豈得爲知乎此言居之不美輙可遷徙處身一失其所則其害有不可勝言者矣然人皆知擇居而至於處身則不知辨其是非多失於不仁是不智之甚也斯之謂不知類也

徵 里仁爲美古言孔子引之何者里訓居孟荀可徵焉居仁曰里仁非孔子時之言故知其爲古言也擇不處仁焉得知孔子之言也何以知之變里爲處也宋儒多謂孔子生知不假學取諸胸中以言殊不知孔子曰我非生而知之者又曰非先王法言不敢道也豈不較然著明乎哉而不與己心合則謂孔子自謙而勉人何其自信而不信聖人

我非生而知之者見述而篇 先王法言已見

孟子引此見公孫丑篇　居仁由義離婁篇　居天下之廣居滕文公篇　荀子大略篇

之言也孟子引此章之言而曰夫仁天之尊爵也人之安宅也又曰居仁由義又曰居天下之廣居數言而不已蓋本於此古之學問守先王之法言至孟子雖多所發尚有孔門之遺者若是焉趙岐註孟子曰里居也可謂善解孟子者已荀子曰仁有里義有門仁非其里而處之非禮也義非其門而由之非義也註處讀爲居聲之誤也豈不然乎鄭玄解論語曰居於仁者之里是爲美猶之可矣求居而不處仁者之里不得爲有知古今言雖殊安有謂仁者之里爲仁焉者乎可謂謬矣朱子里

三月不違仁雍也篇

道二孟子離婁篇

有仁厚之俗爲美。窘哉。苟能居仁。衆美皆臻。故曰里仁爲美。如其心三月不違仁。其餘則日月至焉而已矣。豈不然乎。後儒不識古文辭。就里仁上見美。殊不知要之將來也。擇不處仁焉得知。與知者利仁。其義相發。孔子曰。道二。仁與不仁而已矣。故聖人之道。仁莫尚焉。知之而不疑。是謂知。孔門之教爲爾。凡知者必有所擇。故曰擇。非必擇居之謂也。且古人皆土著。擇居之事至少矣。且二十五家爲里。里有仁厚之俗。不近人情矣。

子曰。不仁者不可以久處約。不可以長處樂。仁者安

仁知者利仁

【古】孔安國曰久困則爲非[也]孔安國曰必驕佚[也]包氏曰唯性仁者自然體之故謂安仁[也]王肅曰知仁爲美故利而行之

【新】約窮困也利猶貪也蓋深知篤好而必欲得之也不仁之人失其本心久約必濫久樂必淫惟仁者則安其仁而無適不然知者則利於仁而不易所守蓋雖深淺之不同然皆非外物所能奪矣〇謝氏曰仁者心無內外遠近精粗之閒非有所存而自不亡非有所理而自不亂如目視而耳聽手持而足行也知者謂之有所見則可謂之有所得則未可有所存斯不亡有所理斯不亂未能無意也安仁則一利仁則二安仁者非顏閔以上去聖人爲不遠不知此味也諸子雖有卓越之才謂之見道不惑則可然未免於利之也

【古義】約困也言不仁者久困則爲非久樂則必驕[也]安謂安而不遷利謂以仁爲利而行之言安仁者

與道爲一故其處約樂自不足云利仁者堅守而不失故能處約樂也不仁之人雖一旦勉強然無其德故久處約則濫久處樂則驕唯仁者之於仁猶身之安衣足之安屨須臾離焉則不能樂是之謂安知者之於仁猶病者之利藥瘦者之利車雖不能常與此相安然深知其爲美而不捨是之謂利夫飽仁義者不願膏粱之味文繡之美萬物皆備於我而富貴貧賤不能撓於其心豈能處約樂之足云哉

徵不仁者不可以久處約。不可以長處樂。貧賤事每減削。故曰約。富貴養可佚樂。故曰樂。不仁者志在己之安利。故久困則爲非。長樂必驕佚。仁者之於仁。如四體之欲安佚。時或離之。輒復思之。知者之於仁。如小人之見利。雖有不便。勉強求之。朱註

仁人心也。孟子告子篇
於我如浮雲。述而篇

失其本心。又曰非外物所能奪。以仁爲本心。以富貴爲外物。本於仁人心也。於我如浮雲。然仁人心也。孟子性善之說。其實謂仁根於心也。於我如浮雲。謂不義之富貴耳。宋儒之說。流於老莊。學者察諸。

子曰惟仁者能好人能惡人

【古】孔安國曰惟仁者能審人之所好惡

【新】惟之爲言獨也。蓋無私心然後好惡當於理。程子所謂得其公正是也。○游氏曰好善而惡惡天下之同情。然人每失其正者心有所繫而不能自克也。惟仁者無私心所以能好惡也。

【古義】仁者以愛爲心。故好惡得當而不失。善善常不及。惡惡必過。人之通患也。故以愛人之心待人則善者固得當而不善者亦不至過惡若以惡人之心待人則善者未必得當而不善者必至於過惡此所以惟仁者能好人惡人也論曰宋儒以仁爲理故以好惡當理解之即明鏡止水之意也蓋以無情覩仁無欲解仁而不知仁之爲德雖有淺深大小之差而未有不自愛人之心而出者也故唯仁愛之心而後能好惡得當而不至於有刻薄褊私之弊書曰罪疑惟輕功疑惟重此仁者之所以能好惡人而與好惡得理者不可同日而語也

徵 仁人之於民。如和風甘雨之被物。物得其養而莫不生長。故其好人惡人。皆有益於人也。好之至。用之。惡之至。退之。用之。使民被其澤。退之。使民免其害。是好惡之有益於人也。是謂之能好惡人。言其盡好惡之用也。朱子曰。當理而無私心。程子曰。

得其公正。仁者之好惡人。誠公正而無私。然以公正無私求之者。所以求之愈遠焉。且其公正無私。豈能盡好惡之用哉。苟不盡好惡之用。可謂不能好惡已。孔安國曰。惟仁者能審人之所好惡。古來相傳之說。不可易者若是邪。大學曰。民之所好好之。民之所惡惡之。此之謂民之父母。是也。然豈從流俗之謂哉。以安民爲心之謂也。

子曰苟志於仁矣無惡也

古 孔安國曰苟誠也言誠能志於仁則其餘終無惡

新 苟誠也志者心之所之也其心誠在於仁則必無爲惡之事矣○楊氏曰苟志於仁未必無過舉

也然而爲惡則無矣

古義言心之所向纔在於仁則自無爲人所惡也」仁實德也纔志於仁則寬厚慈祥與物無忤故自無爲人人之所惡也」論曰宋儒之學持論過高嫌乎恤人之怨惡爲枉道故解無惡以爲無爲惡之事矣此非聖人之意蓋已有可惡之實而爲人所惡者固其道也改之可也已無可惡之實而或見惡者雖君子所不得免然聖人每教人以無怨惡于人者何哉世議甚公人心甚直苟爲容悅則人必以容悅目之苟爲面諛則人必以面諛名之欲爲人所容悅而反爲人所賤其唯志於仁則不求爲人容而寬裕慈惠人自不怨惡焉此聖人之所以貴無怨惡也詩曰在彼無惡在此無射庶幾夙夜以永終譽夫子又嘗答仲弓問仁曰在邦無怨在家無怨又曰年四十而見惡焉其終也已聖人之意可見矣

徵苟志於仁矣。無惡也。孔安國曰。苟誠也。言誠能志於仁。則其餘終無惡。此古來相傳之說。莫尚焉。

朱註。苟誠也。其心誠在於仁。則必無爲惡之事矣。

誠字作誠實之解。非也。孔曰。誠能審其爲語助矣。

朱子尚疑其人雖志仁而未免有惡。故解苟爲誠

實耳。然苟訓誠實。它絕無之。可謂鑿矣。仁齋先生

曰。纔志於仁。則寬厚慈祥。與物無忤。故自無爲人

之所惡也。其解苟字得之。然其所疑亦如朱子。故

顏淵篇。仲弓問仁。子曰。出門如見大賓。使民如承大祭。己所不欲。勿施於人。在邦無怨。在家無怨。

發惡字去聲。而引孔子答仲弓在邦無怨在家無

怨。然孔子曰。出門如見大賓。使民如承大祭。己所

不欲。勿施於人。則何翅志於仁而已乎。故其所疑

終亦不能釋然焉。殊不知聖人之言。主教誨英才。故曰。苟能志於仁。則雖有惡亦終歸於無惡焉。後儒但見言之當否。而不知聖人教誨之道也。大氐去惡不如求善。罰惡人不如用善人。去疾不如養元氣。天下之理一矣。故教誨之道。不欲人之務自去其惡。唯心在善。則自然無惡。況仁者衆善之長。志於仁則無惡。要之其終之辭也。古註爲得之。

子曰富與貴是人之所欲也不以其道得之不處也貧與賤是人之所惡也不以其道得之不去也君子去仁惡乎成名君子無終食之間違仁造次必於是

顛沛必於是

【古】孔安國曰：不以其道得富貴，則仁者不處。時有否泰，故君子履道而反貧賤，此則不以其道得之。雖是人之所惡，不可違而去之。孔安國曰：惡乎成名者，不得成名爲君子。馬融曰：造次，急遽。顛沛，偃仆。雖急遽偃仆，不違仁。

【新】不以其道得之，謂不當得而得之。然於富貴則不處，於貧賤則不去，君子之審富貴而安貧賤也如此。言君子所以爲君子，以其仁也。若貪富貴而厭貧賤，則是自離其仁，而無君子之實矣，何所成其名乎？終食者，一飯之頃。造次，急遽苟且之時。顛沛，傾覆流離之際。蓋君子之不去乎仁如此，不但富貴貧賤取舍之間而已也。○言君子爲仁，自富貴貧賤取舍之間，以至於終食造次顛沛之頃，無時無處而不用其力也。然取舍之分明，然後存養之功密；存養之功密，則其取舍之分益明矣。

【古義】欲富貴而惡貧賤者，人之情也。然君子之動必以其道，故苟不以其道，則雖得富貴而不處，得貧賤而不去也所謂道者卽仁也故下段終言之孟子稱伊尹曰非其義也非其道也祿之以天下不顧亦此意爾君子之所以名爲君子者以其存仁也若去仁則何所成其名乎造次急遽之意顚沛偃仆之貌此申言終食之間其無違仁如此非但富貴貧賤取舍之間而已此又言仁者安仁之意或曰仁之德大矣何獨以富貴貧賤言之耶曰自古之人固有見危授命犯顏諫爭奮然不顧身者然至於富貴貧賤取舍之間則不能不殉物而動心唯君子之心常安於仁故不處於不可處之富貴而不去於不可去之貧賤此其所以首而言之也而至於終食無違造次顚沛必於是則端言仁之成德也

徵 不以其道得之。不處也。朱子曰。謂不當得而得之。是唯解字義已。苟唯解字義已。則未可以爲人之師矣。仁齋先生曰。所謂道者卽仁也。不處與不

陽貨曰見孟子
滕文公

去豈容一 其解乎蓋不以其道得之不處也此言
得富貴之道即仁也不以其道得之不去也此言
得貧賤之道即不仁也仁則安富尊榮不仁則反
之古聖人之教皆爾陽貨曰爲富不仁爲仁不富
是小人之言孟子引此可謂好辨之過也夫小人
之富千金萬金非取諸人則不積諸己君子之富
千乘萬乘人服人從而安富尊榮均之皆有其道
矣然君子之所以名富旣不與小人同故所爲其
道亦殊也不仁而得富貴是不以其道也不可以
爲君子故不處仁而得貧賤是不以其道也不害

於爲君子故不去君子者有在上之德者也。故君尚諸子以名之，爲人君止於仁，是在上之德也。君子而未仁，是雖有君子之名而其實未成，故曰惡乎成名。後世儒者惑於陽貨之言，而不知聖人之心。故其道二字之義，終然不明矣。此章之言，相承之序，所以不順也。唯仁齋先生之解，可謂不得其辭而得其心者已。孔子又曰：不知命，無以爲君子。又曰：富而可求也，雖執鞭之士，吾亦爲之。與此章之言實相發焉。蓋命也者，自彼而至者也，非我求之者也。不以其道而得富貴，是求富貴者也。故不

不知命堯曰篇

富而可求也述而篇

處不以其道而得貧賤是不求而自至者也故不去知命而後其心一於仁一於仁而後君子之名可成此其所以相發也馬融曰造次急遽顛沛偃仆朱子解本諸但曰顛沛傾覆流離之際此其意以沛然流水貌故取流離之義殊爲牽強蓋古言於音而不於義者多矣顛沛或顛覆之轉音豈容以字解乎造次必於是顛沛必於是卽依於仁也

子曰我未見好仁者惡不仁者好仁者無以尚之惡不仁者其爲仁矣不使不仁者加乎其身有能一日用其力於仁矣乎我未見力不足者蓋有之矣我未

之見也

古孔安國曰難復加也孔安國曰言惡不仁者能使不仁者不加非義於己不如好仁者無以尚之爲優孔安國曰言人無能一日用其力修仁者耳我未見欲爲仁而力不足者孔安國曰謙不欲盡誣時人言不能爲仁故云爲能有爾我未之見也

新夫子自言未見好仁者惡不仁者蓋好仁者眞知仁之可好故天下之物無以加之惡不仁者眞知不仁之當惡故其所以爲仁者必能絕去不仁之事而不使少有及於其身此皆成德之事故難得而見之也言好仁惡不仁者雖不可見然或有人果能一旦奮然用力於仁則我又未見其力有不足者蓋爲仁在己欲之則是而志之所至氣必至焉故仁雖難能而至之亦易也蓋疑詞有之謂有用力而力不足者蓋人之氣質不同故疑亦容或有此昏弱之甚欲進而不能者但我偶未之見耳蓋不敢終以爲易而又歎人之莫肯用力於仁也○此章言仁之成德雖難其人然學者苟能實

用其力則亦無不可至之理但用力而不至者今亦未見其人焉此夫子所以反覆而歎息之也

古義尚加也言好仁者天下何善加之若夫惡不仁者誠知不仁之可惡猶惡惡臭亦可以爲仁矣然不使一毫不仁之事加於其身耳與好仁者固有間矣」爲仁由己而由人哉苟能一日用其力則仁斯至矣唯人不肯用其力焉耳豈有用其力而不足者哉」蓋疑辭言昏弱之甚欲進而不能者或有之矣然我未見之也耳再言此以斷無有力之不足者也」好仁者德之至也惡不仁者有所不爲也好仁者視人之不善猶哀憫之而欲其與入于善也惡不仁者視人之不善猶鷹隼之搏鳥雀必痛拒絶之二者甚有逕庭俱謂之成德非也或曰夫子嘗曰仁遠乎哉我欲仁斯仁至矣而此亦曰我未見者何哉夫仁者人心也何遠之有但仁以誠爲本夫子難其人者蓋以非仁之難能而誠之難致也好仁者惡不仁者其等雖異然皆發於誠心非勉强之所能及此夫子所以言未見也

徵我未見好仁者。惡不仁者。表記曰。無欲而好仁者。無畏而惡不仁者。天下一人而已矣。此上等之資質。其於仁也。皆不假用力能爲之。上章仁者安仁。智者利仁。成德之人也。此以好惡言之。乃性質之異。故不同矣。朱註以成德解此章。非矣。蓋好仁者。惡不仁者。皆不假用力。而我未見其人。用其力而力不足者。我亦未見其人。是孔子所以勸人用力於仁也。無以尚之。孔安國曰。難復加也。此贊其爲上等資質也。皇侃疏李充曰。所好唯仁。無物以尚之也。朱註因之。此釋好仁之心。皆通。但孔安國得諸辭。爲勝。其爲仁矣。言其必能爲仁也。不則其字矣字皆不順也朱註非矣不使不仁者加乎其身孔安國曰言惡不仁者能使不仁者不加非義於己莫以尚焉朱註以不仁者爲不仁之事可謂強矣能不使不仁者加非義於己此伯夷之行也其不爲不仁之人所累此乃所以用力之易故曰其爲仁矣有能一日用其力於仁矣乎我未見力不足者乎猶則也言苟能用力則人人皆可至勸辭也朱子以爲歎辭非矣蓋有之矣我未之見也孔安國曰謙不欲盡誣時人爲得之蓋語其極少也聖人族人之自信不欲與人爭故其語氣如此

朱子加一偶字，語勢迥別。

子曰：人之過也，各於其黨。觀過，斯知仁矣。

古 孔安國曰：黨，黨類。小人不能爲君子之行，非小人之過，當恕而勿責之。觀過，使賢愚各當其所，則爲仁矣。

新 黨，類也。程子曰：人之過也，各於其類。君子常失於厚，小人常失於薄；君子過於愛，小人過於忍。尹氏曰：於此觀之，則人之仁不仁可知矣。○吳氏曰：後漢吳祐謂掾以親故受汙辱之名，所謂觀過知仁是也。愚按：此亦但言人雖有過，猶可卽此而知其厚薄，非謂必俟其有過，而後賢否可知也。

古義 黨，朋類也，指親戚僚友而言。此爲以過棄人者發。凡人之於過，不有無由而妄生者，必因其親戚僚友而過，故曰各於其黨，正見其不可深咎也。曰觀過知仁，則亦足見其就此而猶有可稱者也。孟子曰：管叔，兄也；周公，弟也。周公之過，不亦宜乎？是其所以爲周公也。蓋聖人不深責人之過者，以人有自新之途而悔過自改則亦猶夫人故也論曰人之過也不生於薄而生於厚何也薄則防患遠害爲身之計全而趨人之患緩故得無過也因薄而過者間或有之然因薄而過者直謂之惡而不得謂之過也非聖人之至仁則孰能知過之可宥而不可深咎

徵觀過斯知仁矣。蓋古語。而孔子釋之也。言觀群下之所過。以知國君之仁也。人衆人也。黨鄉黨也。蓋朝廷宗廟之間。君子所慎。鮮有過矣。但其於鄉黨。親戚朋友所在。其過不亦宜乎。國人皆如此。是可以知國君仁德之化也。古註慣慣。非改觀作恕則不通矣。朱註。黨。類也。非古言矣。尹氏曰。於此觀之。則人之仁不仁可知矣然孔子豈曰知不仁乎。

且仁人豈必竢其有過而知之乎。且觀者猶觀政觀俗觀人之觀。皆有歷觀意。可謂不穩。已果其言之是乎。當曰見過。皆不得其解。強爲之說者。不可從矣。

子曰朝聞道夕死可矣

【古】言將至死不聞世之有道

【新】道者事物當然之理苟得聞之則生順死安無復遺恨矣朝夕所以甚言其時之近○程子曰言人不可以不知道苟得聞道雖死可也又曰皆實理也人知而信者爲難死生亦大矣非誠有所得豈以夕死爲可乎

【古義】言人之不可不聞道其急如此此爲託老衰或罹微恙而不肯爲學者發夫道者人之所以

爲人之道也爲人而不聞之則虛生耳非與雞犬共伍則草木與同朽可不悲哉苟一旦得聞之則得所以爲人而終故君子之死曰終言其不澌滅也或曰朝聞夕死不亦太急乎曰不然也人而不聞道則雖生而無益故夫子以朝聞夕死爲可者是示其不可不聞道之甚也何謂太急

徵朝聞道夕死可矣道者先王之道也子貢曰文武之道未墜於地在人謂孔子之時也孔子所至訪求汲汲乎弗已恐其墜於地也夕死可矣孔子自言其求道之心若是其甚也後人不學詩不知言語之道本若是故疑其過甚古註曰將至死不聞世之有道可謂誤矣朱註以道爲事物當然之理以聞爲眞知以生順死安爲說遂流於老佛不

可從矣。按蔡邕石經矣作也。

子曰士志於道而恥惡衣惡食者未足與議也

古註無

新心欲求道而以口體之奉不若人爲恥其識趣之卑陋甚矣何足與議於道哉○程子曰志於道而心役乎外何足與議也

古義朱氏曰心欲求道而以口體之奉不若人爲恥其識趣之卑陋甚矣何足與議於道乎。衣食以取足奉口體雖惡何足恥焉士而志于道其心既知所嚮矣而又恥惡衣惡食則其終必至於枉道殉物其不足與議道也必矣

徵士志於道。言士必志於道也。不連下句。而恥惡衣惡食者未足與議也。內則四十始仕方物出謀

發慮此士之職得與議政未足與議者不足爲士也君子從大體小人從小體故士志於先王之道其心在安民細民以營生爲事其心在溫飽故恥惡衣惡食者無志者也宋註議於道士安得議於道乎程子曰心役乎外内外之説其家言己

子曰君子之於天下也無適也無莫也義之與比

古註無

新 適專主也春秋傳曰吾誰適從是也莫不肯也比從也○謝氏曰適可也莫不可也無可無不可苟無道以主之不幾於猖狂自恣乎此老佛之學所以自謂心無所住而能應變而卒得罪於聖人也聖人之學不然於無可無不可之間有義存焉然則君子之心果有所倚乎

集疏范甯曰適莫猶厚薄也

華嚴十行品

【古義】朱氏曰適專主也莫不肯也比從也言君子於天下之事無適無莫可取則取可捨則捨可去則去可就則就唯義之所在非惟我之從義義亦與我相從而不離也義者天下至密者也故精義然後能得無適莫非無適莫而義之與從也蓋無適則莫無莫必適不能不倚一偏其無適者異端之不立一法也無莫者俗士之不知所擇也唯君子精義之至無所偏倚而後自能得無適莫焉夫子嘗曰無可無不可蓋無可無不可之間自有義存非無可無不可而又以義爲主也其謂無道以主之幾於猖狂自恣者謬矣

【徵】無適也無莫也何晏曰無所貪慕也今本脫之邢昺以爲厚薄朱註適專主也春秋傳曰吾誰適從是也爲有據莫不肯也未知何據記幼讀佛經似有此字因搜諸僧得無量壽經華嚴經皆有無

無量壽經連義述文贊下卷

所適莫之文華嚴慧苑音義引蜀志諸葛亮曰事以覆疎易奪爲益無適無莫爲平人情苦親親而疎疎故適莫之道廢也人皆樂人從己不樂己從人故易奪之義廢也漢書註曰適主也爾雅曰莫定也謂普於一切無偏主親無偏定疎澄觀疏曰無主定於親疎無量壽經慧遠義疏曰無適適之親無莫莫之疎璟興連義述文贊曰適親也莫疎也乃知適莫爲親疎者古來相傳之說而邢昺本諸祇適莫無親疎之義慧苑引漢書爾雅爲碻親疎之義由比字而生比者親也故以親疎爲解者

韓說見筆解
謝說見集註
無可無不可微子篇

乃論語之意也。故適莫一意。如無偏無黨耳。何晏以無所貪慕解之者以此。今儒者多不讀佛經。殊不知孔穎達作正義。而古註多不傳。佛經疏釋。多作於六朝隋唐之世。故苑觀遠輩。皆睹它古註。援以解其書耳。如慧苑音義。鑿鑿乎有據。豈後世朱子所能及乎。韓退之謝顯道皆曰。適可也。莫不可也。殊不知無可無不可者。孔子之事。非常人之所能及也。此章者君子之道。泛爲凡人設訓。豈可混乎。祇韓愈解下句曰。惟有義者與相親比。得之。蓋言君子之於天下也。孰去孰就。惟有義者與相

天下歸仁顏淵篇 行五者於天下陽貨篇

親比焉是此章之意也大氐天下歸仁行五者於天下凡以天下言者皆主仁其所也此章乃以義言之則以語去就之道矣至思孟以道與天下之人爭而後動輒曰天下天下不復主仁後儒不知古言故於古書言天下者漫不之省也朱子於此章作一切解乃至旁與佛老爭義之有無大謬矣

嗚呼君子豈無親疎此特語去就之道耳

子曰君子懷德小人懷土君子懷刑小人懷惠

古 孔安國曰懷安也孔安國曰重遷孔安國曰安於法包氏曰惠恩惠

新 懷思念也懷德謂存其固有之善懷土謂溺其所處之安懷刑謂畏法懷惠謂貪利君子小人趣

有女懷春見詩召南

向不同公私之間而已矣○尹氏曰樂善惡不善所以爲君子苟安務得所以爲小人

古義 懷歸也土者謂身之所安也刑法也惠恩惠也此言治君子與治小人其道自不同也懷於德者不以利動惟善是親也懷於土者有恒產者有恒心也懷於刑者心樂儀刑懷於惠者惟利是親君子小人存心不同故其所以懷之者自不同也

徵 君子懷德○則小人懷土○君子懷刑○則小人懷惠○自然符也○君子小人○以位言○懷者思而弗措也如有女懷春之懷○君上懷賢○則民安其土○其心不在政刑故也○民輕去鄉者○虐政所致也○德政無它○安民而已○使民安其生○是謂安民○民思恩惠者○無恩惠故也○虐政之效也○朱註○懷刑爲畏法○小人之事

也○孔安國懷訓安懷刑爲安於法○學齋佔僤以爲儀刑典刑之刑○刑皆非矣○皆不識古文辭○四句分爲四事故也○

子曰放於利而行多怨

古 孔安國曰放依也每事依利而行」孔安國曰取怨之道

新 孔氏曰放依也多怨謂多取怨○程子曰欲利於己必害於人故多怨

古義 孔氏曰放依也依利而行言每事必依傍於利而行之也多怨謂多取怨也無怨德也多怨不祥也君子以義爲主故雖損於人而人不我怨小人以利爲本故雖無損於人亙多取怨中庸曰正已而不求于人則無怨

徵 放於利而行○多怨○利者非君子之所貴也○主在

上之人言之。放訓依。出檀弓。梁木其壞。哲人其萎。則吾將安放。

子曰：能以禮讓爲國乎，何有？不能以禮讓爲國，如禮何？

古 何有者，言不難。包氏曰：如禮何者，言不能用禮。

新 讓者禮之實也。何有，言不難也。言有禮之實以爲國，則何難之有？不然，則其禮文雖具，亦且無如之何矣，而況於爲國乎？

古義 禮讓以德而言，禮以制度而言。何有，言不難也。此言以禮讓爲國，則人亦化之，何難爲之有？若不以禮讓爲國，則禮文雖具，亦且無如之何，況於治國乎？古者專以禮爲治國之要典，猶後世之用律也。

【徵】不能以禮讓爲國，如禮何，朱註。況於爲國乎。非矣。禮者，先王治國之具也。言先王爲治國故設此禮。而今不能以禮讓爲國，則以先王之禮爲何所用乎。是有禮而不能用之也。

子曰：不患無位，患所以立；不患莫己知，求爲可知也。

【古】包氏曰：求善道而學行之，則人知己。

【新】所以立，謂所以立乎其位者。可知，謂可以見知之實。○程子曰：君子求其在己者而已矣。

【古義】朱氏曰：所以立，謂所以立乎其位者。可知，謂可以見知人之實。此章亦聖人之常言，學者之準則，不可不聽受佩服焉。

【徵】無說。

子曰參乎吾道一以貫之曾子曰唯子出門人問曰何謂也曾子曰夫子之道忠恕而已矣

【古】孔安國曰直曉不問故答曰唯

【新】參乎者呼曾子之名而告之貫通也唯者應之速而無疑者也聖人之心渾然一理而泛應曲當用各不同曾子於其用處蓋已隨事精察而力行之但未知其體之一爾夫子知其眞積力久將有所得是以呼而告之曾子果能默契其指卽應之速而無疑也盡己之謂忠推己之謂恕而已矣者竭盡而無餘之辭也夫子之一理渾然而泛應曲當譬則天地之至誠無息而萬物各得其所也自此之外固無餘法而亦無待於推矣曾子有見於此而難言之故借學者盡己推己之目以著明之欲人之易曉也蓋至誠無息者道之體也萬殊之所以一本也萬物各得其所者道之用也一本之所以萬殊也以此觀之一以貫之之實可見矣或曰中心爲忠如心爲恕於義亦通○程子曰以己

及物仁也推己及物恕也違道不遠是也忠恕一以貫之忠者天道恕者人道忠者無妄恕者所以行乎忠也忠者體恕者用大本達道也此與違道不遠異者動以天爾又曰維天之命於穆不已忠也乾道變化各正性命恕也又曰聖人教人各因其才吾道一以貫之唯曾子爲能達此孔子所以告之也曾子告門人曰夫子之道忠恕而已矣亦猶夫子之告曾子也中庸所謂忠恕違道不遠斯乃下學上達之義

古義吾道猶曰我之所道也一者不二之謂貫統也言道雖至廣然一而不雜則自能致天下之善而無所不統非多學而可能得也唯者應辭曾子直受之以爲己之任猶顔子曰請事此語之謂盡己之謂忠忖人之謂恕自竭盡己之心則於人無物我之隔能忖人之心則癢疴疾痛舉切於我無身矣曾子以爲忠恕足以盡夫子之道也因爲門人述夫子一以貫之之旨如此夫道一而已矣雖五常百行至爲多端然同歸而殊塗一致而百慮天下之至一可以統天下之萬善故夫子不曰心

不曰理唯曰吾道一以貫之也而忠蓋盡己則接人必實而無欺詐之念恕以忖人則待物寬宥而無刻薄之弊既忠且恕則可以至於仁矣豈復有他岐之可惑者乎哉故夫子曰吾道一以貫之而曾子特以忠恕明之其有旨哉論曰聖人之道不過彝倫綱常之間而濟人爲大故曾子以忠恕發揮夫子一以貫之之旨嗚呼傳聖人之道而告之後學其旨明且盡矣夫子嘗答樊遲問仁曰與人忠子貢問曰有一言而可以終身行之者乎夫子唯曰其恕乎孟子亦曰強恕而行求仁無近焉可見忠恕二者乃求仁之至要而聖學之所成始成終者也蓋忠恕所以一貫之也非以忠恕訓一貫也先儒以爲夫子之心一理渾然而泛應曲當惟曾子有見於此而非學者之所能與知也故借學者忠恕之目以曉一貫之旨豈然乎哉

徵 參乎、吾道一以貫之。吾道者。先王之道也。先王之道。孔子所由、故曰吾道。曾子曰唯。唯。然也。如男

然非與衛靈公篇
唯唯否否史記自叙傳
正唯述而篇
宋儒謂見衛靈公集註尹氏說

唯女俞俞訓然則唯亦然子貢曰然非與如漢文唯唯否否也又難經曰然皆如今人曰是公西華曰正唯弟子不能學即後世政爾也皆可推宋儒謂曾子深喻之曰唯子貢不能如曾子之唯乃其優劣矣殊不知記者有詳畧也果其言之是乎其它諸章諸子問政問仁類唯錄孔子之答而已迺以爲諸子皆不深喻哉可謂鑿矣大氐宋世禪學甚盛其渠魁者自聖自智稱尊王公前横行一世儒者莫之能抗盖後世無爵而尊者莫是過也儒者心羡之而風習所漸其所見亦似之故曰性曰

心。皆彼法所尚。豁然貫通。卽彼頓悟。孔曾思孟。道統相承。卽彼四七二三。遂以孔門一貫。大小大事。曾子之唯。卽迦葉微笑矣。豈不兒戲乎。過此以往。天理人欲。卽眞如無明。理氣卽空假二諦。天道人道卽法身應身。聖賢卽如來菩薩。十二元會卽成住壞空。持敬卽坐禪。知行卽解行。陽排而陰學之。至於其流。裔操戈自攻。要之不能出彼範圍中。悲哉。如此章一貫之旨。誠非不能大知之者所及。然游夏以上。豈不與聞。特門人所錄。偶有參與賜耳。千載之後。據遺文僅存者。而謂二子獨得聞之。又

依於仁述而篇
博文約禮兩見
雍也顏淵

以其有詳畧而爲二子優劣可不謂鑿乎葢孔子之道即先王之道也先王之道先王爲安民立之故其道有仁焉者有智焉者有義焉者有勇焉者有儉焉者有恭焉者有神焉者有人焉者有似自然焉者有似僞焉者有本焉者有末焉者有近焉者有遠焉者有禮焉有樂焉有兵焉有刑焉制度云爲不可以一盡焉紛雜乎不可得而究焉故命之曰文又曰儒者之道博而寡要然要其所統會莫不歸於安民焉者故孔門教人曰依於仁曰博文約禮謂學先王之道以成德於已也學先王之

錢緡之喻見大
全朱說

道。非博則不足盡之。故曰博文。欲歸諸已。則莫如以禮。故曰約禮。然禮亦繁矣哉。故又教之以仁。仁先王之一德也。故謂先王之道仁盡之。則不可矣。然先王之道。統會於安民。故仁。先王之大德也。依於仁。則先王之道。可以貫之矣。故不曰一而曰一以貫之。辟諸錢與緡。仁。緡也。先王之道。錢也。謂錢即緡可乎。是一貫之旨也。宋儒亦有錢緡之喻。以一理爲緡。然一理貫萬理。則萬理一理之分。豈容言貫乎。一理貫萬事。則岐精粗而二之。依然老佛之見已。可謂不成喻矣。忠恕者爲仁之方也。故曾

堯舜之道云云　孟子告子篇

後儒諸說散見　集註及大全

子云爾。然忠恕豈能盡先王之道乎。由此以往庶幾可以盡之。示之以其方也。故而已矣者。非竭盡而無餘之辭。亦如堯舜之道。孝弟而已矣。孝弟豈盡於堯舜之道乎。亦言由此則可以盡之耳。此章之義。後儒或以爲一理。或以爲一心。或以爲誠。其謂之一理者。昧乎貫字也。其謂之一心者。不知先王之道也。其謂之誠者。僅謂動容周旋中禮耳。不知孔子之所爲道也。忠者。爲人謀而委曲周悉。莫不盡已之心也。恕者。已所不欲。勿施於人之謂也。皆以與人交者言之。仁之爲道。亦在與人交之間。

三忠恕朱子說見大全

而長之養之匡之成之使各遂其生者也然仁道至大非門人之所能故以忠恕示其方也如舊註天道也人道也體也用也天之忠恕也聖人之忠恕也學者之忠恕也皆堅白類耳任口而言其理則莫有不可言者然求諸古言豈若是其恣乎可謂道之賊已皇侃本貫之下有哉字

子曰君子喻於義小人喻於利

古 孔安國曰喻猶曉也

新 喻猶曉也義者天理之所宜利者人情之所欲○程子曰君子之於義猶小人之於利也唯其深喻是以篤好楊氏曰君子有舍生而取義者以利言之則人之所欲無甚於生所惡無甚於死孰肯

舍生而取義哉其所喻者義而已不知利之爲利故也小人反是

【古義】喻曉也猶四體不言而喻之喻言觸物隨事自能通曉也」此言君子小人所好不同故心之所趨從殊君子之所好在於義故其曉於義也甚速小人之所好在於利故其曉於利也亦甚速學者以此自省則庶乎不至爲小人之歸矣

【徵】君子喻於義小人喻於利君子者在上之人也雖在下而有在上之德亦謂之君子小人者細民也雖在上而有細民之心亦謂之小人義者詩書所載先王之古義也古之人據先王之古義以裁決事之宜焉古學既亡人妄取諸已臆謂之義非義之義也後儒解義以宜以裁決皆其一端耳其

書曰已見
孟子曰離婁篇
傳曰已見
義以方外易文言
大義滅親左傳隱公四年
不仕無義微子篇
易曰繫辭

源昉於誤讀孟子。以羞惡之心爲義耳。朱子曰。義者天理之所宜。以此而贊義。何不可之有。苟不本諸先王之古義。將何所取乎。禮義一類。書曰。以義制事。以禮制心。孟子曰。非禮之禮。非義之義。傳曰。詩書義之府也。可以見已。歷觀經傳。有禮之義者。此先王所以制禮之義也。有以人臣言之者。如義以方外。大義滅親。不仕無義。及出處進退之義。是也。有以利對言者。如此章是也。易曰。理財正辭禁民爲非。曰義。蓋民以營生爲心者也。其孰不欲利焉。君子者奉天職者也。理其財。使民安其生焉。是先王之道之義也。故凡言義者。雖不與利對言。然莫不歸於安民之仁者。爲是故也。故義者士君子之所務。利者民之所務。故喻人之道。於君子則以義。於小人則以利。雖君子豈不欲利乎。雖小人豈不悅義乎。所務異也。宋儒以爲語君子小人所自喻者。乃曰惟其深喻。是以篤好。是其意謂聖人洞見其心焉。果其說之是乎。君子小人。其心判然霄壤。雖聖人終不能化小人也。於是乎惡惡之心勝。而先王孔子之仁澌焉。豈不悲乎。觀書盤庚。專以生生喻之。喻民之道。自古爲爾。喻君子以利。而後張儀蘓秦之術行於天下也。宋儒貴心學。動求諸己。於義利之辨。剖毫剖釐。務探心術之微。究其歸不過於徒評論是務耳。孔子之言。豈其然乎。學者察諸。

子曰見賢思齊焉見不賢而內自省也

古包氏曰思與賢者等

新思齊者冀己亦有是善內自省者恐己亦有是惡◯胡氏曰見人之善惡不同而無不反諸身者則不徒羨人而甘自棄不徒責人而忘自責矣

古義朱氏曰思齊者冀己亦有是善內自省者恐己亦有是惡」此言見人之賢不肖皆不可不反求之於己也人之常情見賢則必忌憚之見不賢則必譏笑之非惟不知反求於己適足以害其德也

夫見賢而不思齊無志者也見不賢而不內省無恥者也無志無恥者所謂自暴自棄者而不可與有爲也必矣

徵無說

子曰事父母幾諫見志不從又敬不違勞而不怨

【古】包氏曰幾者微也當微諫納善言於父母」包氏曰見志見父母志有不從己諫之色則又當恭敬不敢違父母意而遂己之諫

【新】此章與內則之言相表裏幾微也微諫所謂父母有過下氣怡色柔聲以諫也見志不從又敬不違所謂諫若不入起敬起孝悅則復諫也勞而不怨所謂與其得罪於鄉黨州閭寧熟諫父母怒不悅而撻之流血不敢疾怨起敬起孝也

【古義】幾微也幾諫謂微詞以諷也」不違者謂姑順父母之意而不遂己之諫也勞慰勞也」諫父母之

道尤忌徑直要在微婉其詞以委曲諷導之焉耳若父母有過而不諫則陷親於不義諫而忤親之意則亦爲不孝唯能敬能勞不違不怨而後爲能得事父母之道也苟如此則父母之心亦有所感而諫得行也

徵 事父母幾諫。朱子引內則大得古學之意。

子曰父母在不遠遊遊必有方

古 鄭玄曰方猶常也

新 遠遊則去親遠而爲日久定省曠而音問疎不惟己之思親不置亦恐親之念我不忘也遊必有方如已告云之東則不敢更適西欲親必知己之所在而無憂召己則必至而無失也范氏曰子能以父母之心爲心則孝矣

古義 鄭氏曰方猶常謂可遊之方也人子遠遊則爲日久廢養多而不能使父母無倚門之憂故曰

博學無方禮記內則

家語六本篇孔子曰發言不逆可謂知言矣

不遠遊其遊每有定所而不事漫遊則無所貽憂故曰遊必有方范氏曰子能以父母之心爲心則孝矣可謂能發孝子之心也

徵 遊必有方。如博學無方之方。鄭玄曰。方猶常也。爲得之。

子曰三年無改於父之道可謂孝矣

古 鄭玄曰孝子在喪哀戚思慕無改於父之道非心所忍爲

新 胡氏曰已見首篇此蓋複出而逸其半也

古義 此章重出凡諸章重出者蓋夫子屢言而門人互錄之意味深長學者宜深玩而詳思焉

徵 三年無改於父之道。可謂孝矣。胡氏曰。複出而逸其半。非也。孔子曰。知言。又曰。非先王之法言不

主忠信兩見學而子罕君子不重章學而篇

敢道。故孔子多誦古言。論語所載。不皆孔子之言矣。蓋父在則觀其志。父没則觀其行。古言也。三年無改於父之道。可謂孝。亦古言也。孔子或並引或單誦。非複出矣。所以並引者。以見學貴博也。并二言而義圓矣。門人所以又錄其單者。以見孔子用古言之方也。如主忠信。亦非複出而逸半者矣。仁齋先生以君子不重章非一時之言。可謂善讀書。然未識孔子誦古言。悲哉。

子曰父母之年不可不知也一則以喜一則以懼

【古】孔安國曰見其壽考則喜見其衰老則懼

新知猶記憶也常知父母之年則既喜其壽又懼其衰而於愛日之誠自有不能已者

古義知猶記憶」此言常記父母之年則見其壽以爲喜見其衰以爲懼喜懼交臻而愛親之心不能自已其不可不知也如此聖人之言天下之至言理到此而盡矣教到此而極矣不可以其語平易而忽諸

徵無說

子曰古者言之不出恥躬之不逮也

古包氏曰古人之言不妄出口爲身行之將不及

新言古者以見今之不然逮及也行不及言可恥之甚古者所以不出其言爲此故也○范氏曰君子之於言也不得已而後出之非言之難而行之難也人惟其不行也是以輕言之言之如其所行行之如其所言則出諸其口必不易矣

古義 逮及也朱氏曰言古者以見今之不然」此言出言之易而躬履之難也夫言而不稱可恥之甚也古人尚實而不貴華故恥之如此

徵 無說

子曰以約失之者鮮矣

古 孔安國曰俱不得中奢則驕佚招禍儉約則無憂患

新 謝氏曰不侈然以自放之謂約尹氏曰凡事約則鮮失非止謂儉約也

古義 約者檢束之謂言修身處事皆當檢束也」聖人之言猶著龜神明必應必驗此言至淺然從此則得違此則失必然之理也不可不篤信而深守之

徵 以約失之者鮮矣。此生於憂患而死於安樂之意。古單言約者。困約與約束乎。孔安國朱子皆失之。

生於憂患而死於安樂孟子告子篇

子曰君子欲訥於言而敏於行

【古】包氏曰訥遲鈍也言欲遲而行欲疾

【新】謝氏曰放言易故欲訥力行難故欲敏○胡氏曰自吾道一貫至此十章疑皆曾子門人所記也

【古義】包氏曰訥遲鈍也此夫子言君子之心以勉學者也胡氏曰敏訥雖若出於天資然可習也言煩以訥矯之行緩以敏勵之由我而己自不能變其氣質奚貴於學哉

徵 無說

子曰德不孤必有鄰

【古】方以類聚同志相求故必有鄰是以不孤

【新】鄰猶親也德不孤立必以類應故有德者必有其類從之如居之有鄰也

【古義】朱氏曰鄰猶親也德不孤立必以類應故有德者必有其類從之如居之有鄰也人不知而不

臣哉鄰哉書益稷
易曰文言
詩云大雅烝民

慍君子之心也然德不孤必有鄰必然之理也故夫子言德之既成必無孤立之理以定學者之志亦祿在其中之意學者惟當患德之不成而無以饑渴爲心害也

徵 德不孤必有鄰鄰如臣哉鄰哉之鄰謂必有助也易曰敬義立而德不孤亦謂多助者也詩云民之秉彝好是懿德是德之所以多助也夫德而莫有助焉者則湯與文王豈七十里若百里而興乎哉古註引方以類聚同志相求可謂謬矣仁齋先生引祿在其中矣可謂鄙矣

子游曰事君數斯辱矣朋友數斯疏矣

古 數謂速數之數

新程子曰數煩數也胡氏曰事君諫不行則當去導友善不納則當止至於煩瀆則言者輕聽者厭矣是以求榮而反辱求親而反疏也范氏曰君臣朋友皆以義合故其事同也

古義數煩數也此言事君交友皆當以禮進也若褻狎戲弄屢相往來至於煩數焉則爲臣取辱爲友見疏當自戒也故事君者非堯舜之道不敢以陳則不辱矣與朋友交以文會友以友輔仁則不疏矣

徵事君數數必古言謂屢諫也朱註爲得之蓋人不可以言喻也貴自得之也如憤悱啓發可以見己自孟子以言語強聒而後斯義遂泯矣仁齋先生據古註爲煩數之義曰褻狎戲弄屢相往來至於煩數焉臣之於君有職守在豈可以屢相往來

百工居肆子張篇

言之哉。士之居學。比諸百工居肆。則朋友同筆硯者尚矣。何翅屢相往來已乎哉。其失亦坐不識古言。而徒以字義解已。

論語徵集覽卷之四終

論語徵集覽卷之五

魏　何晏　集解

宋　朱熹　集註

大日本

藤維楨　古義

物茂卿　徵

從四位侍從源賴寬　輯

公冶長第五

新此篇皆論古今人物賢否得失，蓋格物窮理之一端也。凡二十七章。胡氏以爲疑多子貢之徒所記云。

子謂公冶長可妻也，雖在縲絏之中，非其罪也，以其

子妻之子謂南容邦有道不廢邦無道免於刑戮以其兄之子妻之

古 孔安國曰治長弟子魯人也姓公冶名長縲黑索絏攣也所以拘罪人」王肅曰南容弟子南宮縚魯人也字子容不廢言見用

新 公冶長孔子弟子妻爲之妻也縲黑索也絏攣也古者獄中以黑索拘攣罪人長之爲人無所考而夫子稱其可妻其必有以取之矣又言其人雖嘗陷於縲絏之中而非其罪則固無害於可妻也夫有罪無罪在我而已豈以自外至者爲榮辱哉」南容孔子弟子居南宮名縚又名适字子容謚敬叔孟懿子之兄也不廢言必見用也以其謹於言行故能見用於治朝免禍於亂世也事又見第十一篇◯或曰公冶長之賢不及南容故聖人以其子妻長而以兄子妻容蓋厚於兄而薄於己也程子曰此以己之私心窺聖人也凡人避嫌者皆內不足也聖人自至公何避嫌之有況嫁女必量其

才而求配尤不當有所避也若孔子之事則其年之長幼時之先後皆不可知唯以爲避嫌則大不可避嫌之事賢者且不爲况聖人乎

【古義】公冶長孔子弟子縲黑索絏攣也古者獄中以黑索拘攣罪人長蓋以枉濫被繫故云然」南容孔子弟子居南宮名縚又名适字子容言有此德故必見用於治朝謹其言故又能免禍於亂世也」夫嫁女擇婿必求其良者天下之同情也若長之陷於縲絏人之所辱然以非其罪而妻之至於南容又以其可免於亂世而妻之正見夫子之取人惟是之從不拘于一也蓋編論語者併錄二子之事以明聖人之權度變化無方學者之所當盡心也

【徵】聖人視其兄之子猶己之子也。公冶長南容相等也。雖在縲絏之中。非其罪也。雖未免於刑戮猶免也。聖人之愛其子至矣。然其擇壻止於是耳。豈以爲奇貨可居而藉以爲榮乎。後人以爲有優劣者非也。南容數見於論語。而公冶長不復見焉。千載之下。豈容以此知其優劣乎。按曾子曰。啓予足。啓予手。吾知免夫小子。左傳多以全首領獲終於牖下爲願。中庸贊孔子。引既明且哲。以保其身。此皆古之法言。蓋古之代。王世嗣。諸侯世嗣。士大夫之子爲士大夫。農工賈之子爲農工賈。貴賤分定也。故人皆以免於刑戮全其首領爲至焉。秦漢以後。始囂然人皆願爲三公。王澤斬故也。故後儒於聖人擇壻意。率多鑿耳。或謂南容免於刑戮與公

曾子曰見泰伯篇

微言 徐徵紘曰一在縲絏之中一免於刑戮於此可識二子之高下

冶長非其罪也適相當。而多不廢一言。則優於長也。殊不知南容爲三家之族。三家者值有道則必廢。而此不廢。故多不廢一言者。以其爲三家之族耳。長有縲絏之事。故夫子斷非其罪也。業非顯者。何必論其不廢哉。且託女子於人以終其身。其人能免刑戮。則父母之願足矣。雖聖人亦爾。聖人所以異於常人者。無奇貨可居藉以爲榮之心爾。無藏無否。婦人之德。故程子所謂量才求配。亦非古義也。學者察諸。程子又曰。避嫌之事。賢者且不爲。况聖人乎。此事誠然。雖然。聖人之道豈絶無避嫌

傳云禮記曲禮又云坊記

柳下惠嫗女子見毛萇詩傳及家語

之事乎。傳云。夫禮者。所以定親疎。决嫌疑。別同異。明是非也。又云。夫禮者。所以章疑別微。以爲民坊者也。自陋儒傳柳下惠嫗女子之事。而唯問其心。不問其禮。以此爲高者衆矣。則或將藉口程子也。故詳之爾。南容。家語南宮縚字子容。王肅從之。世本亦同。史記名括。左傳名說。鄭玄作閱。未知孰是。

皇侃疏。范甯曰。公冶長名芝。字子長。

子謂子賤。君子哉若人。魯無君子者。斯焉取斯。

古 孔安國曰。子賤。魯人。弟子宓不齊。包氏曰。若人者若此人也。如魯無君子。子賤安得此行而學行之

新子賤孔子弟子，姓宓名不齊。上斯斯此人，下斯斯此德。子賤蓋能尊賢取友以成其德者，故夫子既歎其賢，而又言若魯無君子，則此人何所取以成此德乎？因以見魯之多賢也。○蘇氏曰：稱人之善，必本其父兄師友，厚之至也。

古義子賤，孔子弟子，姓宓名不齊。若人，猶言若此人也。言有君子之德哉若此人也！若魯無君子者，斯人安得取斯德而成之哉？美子賤能尊賢取友以成其德也」此贊賢師友薰陶之益甚大也。夫子之取人，每不稱其質美，而深稱其好學，若言顏子是也。今於子賤，先美其德，而後專歸之於師友薰陶之功。蓋生質之美有限，而學問之功無窮。苟資之於師，輔之於友，以取其善，則何學不可至，何德不可成哉？後世無實好學者，故恥下問，遠善友，學問之功終不能以勝其氣質之偏，猶以一杯水救一車薪之火也，而曰學之無益，不亦誤哉！吁。

徵魯無君子者○斯焉取斯○仁齋先生曰○贊賢師友

說苑政理篇

舜之無爲衛靈公篇

舜之大智中庸

薰陶之益甚大也。勝朱註甚。說苑曰。宓子賤治單父。彈琴身不下堂。單父治。巫馬期亦治單父。以星出。以星入。日夜不處。以身親之。而單父亦治。巫馬期問其故。宓子曰。我之謂任人。子之謂任力。任力者勞。任人者佚。是子賤之於學於政。皆以能取諸人聞也。舜之無爲。任人也。舜之大智。好問好察邇言也。孔子謂其君子哉。以此。

子貢問曰。賜也何如。子曰。女器也。曰。何器也。曰。瑚璉也。

古 孔安國曰言女器用之人」包氏曰瑚璉黍稷之器夏曰瑚殷曰璉周曰簠簋宗廟之器貴者

新器者有用之成材。夏曰瑚，商曰璉，周曰簠簋，皆宗廟盛黍稷之器而飾以玉，器之貴重而華美者也。子貢見孔子以君子許子賤，故以己爲問，而孔子告之以此。然則子貢雖未至於不器，其亦器之貴者歟。

古義器者，必備而不可闕之謂。言子貢之材，天下不可無也。瑚璉，宗廟盛黍稷之器，夏曰瑚，商曰璉，周曰簠簋，蓋器之貴重而非常用者。言子貢之材之美，可貴而不可常用也。朱氏曰：「子貢見孔子以君子許子賤，故以己爲問，而孔子告之以此。」○瑚璉簠簋，器之貴重而不可常用者也。未若陶冶，雖非貴重之器，而常用不可闕者也。夫子以子貢之材，不比之於彼，而比之於此，其戒之深矣。蓋未若陶冶之爲器，户户皆有，人雖不知貴重之，而民生常用不可闕焉。若聖人之德是也。叔孫武叔曰：「子貢賢於仲尼。」子禽謂子貢曰：「仲尼豈賢於子乎？」豈非知尚瑚璉之華，而不知未若陶冶之爲民生常用不可闕之器耶？蓋賢人之材可見，而聖人之德不可知也。

欒肇晉人作論語駁三卷論語釋疑十卷

許行見孟子滕文公篇

樊遲請學農圃子路篇

徵明堂位云。有虞氏之兩敦。夏后氏之四璉。殷之六瑚。周之八簋。註云。皆黍稷器。包咸鄭玄之解論語。賈逵服虔杜預之解左傳。皆云夏曰瑚。欒肇以爲未詳。然明堂位古矣。朱註云。宗廟盛黍稷之器而飾以玉。器之貴重而華美者。仁齋先生曰。器之貴重而非常用者。因謂孔子不比諸耒耜陶冶常用者。以戒子貢深也。夫天下不可無民。猶如耒耜陶冶常用不可一日闕也。孔子而以陶冶耒耜爲尚。則許行豈非乎哉。樊遲之請學農圃。孔子何謂之小人哉。仁齋務欲出奇。而不知其畔道遠矣。古

周禮司徒職以鄉三物教萬民而賓興之一曰六德知仁聖義忠和

者成德六焉。聖居其一。太宗伯之器也。瑚璉其是之謂邪。

或曰雍也仁而不佞子曰焉用佞禦人以口給屢憎於人不知其仁焉用佞

【古】馬融曰雍弟子仲弓名姓冉」孔安國曰屢數也佞人口辭捷給數爲人所憎惡

【新】雍孔子弟子姓冉字仲弓佞口才也仲弓爲人重厚簡黙而時人以佞爲賢故美其優於德而病其短於才也」禦當也猶應答也給辨也憎惡也言何用佞乎佞人所以應答人者但以口取辨而無情實徒多爲人所憎惡爾我雖未知仲弓之仁然其不佞乃所以爲賢不足以爲病也再言焉用佞所以深曉之○或疑仲弓之賢而夫子不許其仁何也曰仁道至大非全體而不息者不足以當之如顏子亞聖猶不能無違於三月之後況仲弓雖賢未及顏子聖人固不得而輕許之也

【古義】雍孔子弟子姓冉字仲弓佞口才也時俗以佞爲賢故美仲弓優於德而病短於才也」禦猶抵當給辨也言佞人所以抵當於人者但隨口取辨而爲人所憎惡爾我雖未知仲弓之仁然其不佞乃非所以病仲弓也」愛人者人亦愛之仁之所以爲美德也若屢憎於人正見佞之爲凶德也夫子戒之宜矣當時實德日病讒風日盛人徒知重佞而不知重仁故夫子言此以深明不可用佞之意或曰仲弓之賢亞於顏子而夫子不許其仁者何哉曰仁實德也慈愛之德充實於中而無一毫殘忍刻薄之心其其利澤恩惠遠被于天下後世而後謂之仁所以雖仲弓之賢夫子猶不與之也

【徵】仲弓爲人。蓋慈惠而短於言。故時人仁之。朱子曰重厚簡默。此自其所見耳。豈然乎。夫以慈惠爲仁。世人所皆知。攷諸它書可見也。時人貴佞。每欲仁之兼佞。以爲全材。觀於巧言令色鮮矣仁。剛毅

巧言學而篇
剛毅子路篇

孔子曰顏淵篇

又曰雍也篇

木訥近於仁。仁佞每並舉。可以見已。蓋能言者不能爲。能爲者不能言。自然之符也。故孔子曰。爲之難。言之得無訒乎。故孔子喜仲弓之不佞已。它日又曰。雍也可使南面。謂其仁也。是其進德非曩者之仲弓矣。朱子曰。仁道至大。非全體而不息者不足以當之。是自理學之見耳。凡其德可以安民者。皆謂之仁。但孔子主學。學也者學先王之道也。故可以安天下之民者而後許其仁。是仁所以難其人也。

子使漆雕開仕對曰吾斯之未能信子說

古孔安國曰開弟子漆雕姓開名仕進之道未能信者未能究習」鄭玄曰善其志道深

新漆雕開孔子弟子字子若斯指此理而言信謂眞知其如此而無毫髮之疑也開自言未能如此未可以治人故夫子說其篤志○程子曰漆雕開已見大意故夫子說之又曰古人見道分明故其言如此謝氏曰開之學無可考然聖人使之仕必其材可以仕矣至於心術之微則一毫不自得不害其爲未信此聖人所不能知而開自知之其材可以仕而其器不安於小成佗日所就其可量乎夫子所以說之也

古義漆雕開孔子弟子字子若開言吾於斯仕進之道未能無疑蓋欲學成而後仕其心未以自足也故夫子善其篤志而悅之」學者之於仕進雖其材未充然親戚責之朋友推之則未必不出仕況如開之學聖人使之仕則其材必可用而猶未肯之則其不自爲足而所以求之者可謂至深矣此雖賢哲之細事實學者之所難故聖人深悅之也

徵吾斯之未能信。古註。仕進之道未能信者。未能究習。豈有所謂仕進之道乎。朱註。斯指此理而言。理學家之言也。孔子時豈有之乎。蓋吾學之可以從政。吾自信之。而後可以仕。開未自信。故云爾。孔子之勸仕。以其材可以從政也。孔子之悅之。以其志大而不欲小試也。朱註。聖人所不能知而開自知之。豈其然乎。聖人之所知者。其材也。所不能知者。其志也。如三子言志。或以兵賦。或以足民。或以賓容之禮。則志如其材。至於曾點。亦其志不欲小試也。後世變化氣質之說興。而聖人官人各其材之義泯焉。故於此章之旨。漫然不會其意耳。

子曰道不行乘桴浮于海從我者其由與子路聞之喜子曰由也好勇過我無所取材

古 馬融曰桴編竹木大者曰栰小者曰桴」孔安國曰喜與己俱行」鄭玄曰子路信夫子欲行故言好勇過我無所取材者無所取於桴材以子路不解微言故戲之耳一曰子路聞孔子欲浮海便喜不復顧望故孔子歎其勇曰過我無所取哉言唯取於己古字材哉同

新 桴筏也程子曰浮海之歎傷天下之無賢君也子路勇於義故謂其能從己皆假設之言耳子路以爲實然而喜夫子之與己故夫子美其勇而譏其不能裁度事理以適於義也

古義 桴筏也」子路欲從夫子而行故言好勇過我也鄭氏曰無所取材言無所取於桴材也蓋子路有濟物之志而無濟物之材故戲之耳猶戲子游割雞焉用牛刀之意」此與欲居九夷章同意蓋夫

易需卦

子之素志也當時君昏臣驕天下無所之往故欲乘桴浮海化島夷之民以爲禮義之俗聖人以四海爲一家之心於此可見矣子路好勇故欲從夫子而行無所顧慮夫子因戲之曰好勇過我無所取材蓋有具於己而後可以濟人子路之德未及于此則雖欲乘桴浮于海徒爾無益故美其好勇而進其所未及也

徵道不行。乘桴浮于海。從我者其由與。此孔子之微言也。易曰。利涉大川。謂涉艱難也。而海之難涉。非復大川之比。蓋孔子所言。其事之至難。廼非獨力所能濟。而所可與共者。又難其人。唯子路好勇。故假設云爾。非實許子路也。子路不解假設之意。喜其言與己共行。故孔子又曰。由也好勇過我。是廼無可慮者。祇恐其無所取桴材欲從而卒不能從耳。蓋言與大事涉艱難。非勇之所獨能。亦必有其具廼可爲也。無經濟之材則不能也。朱子材訓裁。其不解微言。亦猶子路歟。宜其無所解於詩也。且取字不明。謬矣。何註一說。財哉同。恐非。

孟武伯問子路仁乎子曰不知也又問子曰由也千乘之國可使治其賦也不知其仁也求也何如子曰求也千室之邑百乘之家可使爲之宰也不知其仁也赤也何如子曰赤也束帶立於朝可使與賓客言也不知其仁也

【古】孔安國曰仁道至大不可全名也」孔安國曰賦兵賦」孔安國曰千室之邑卿大夫之邑卿大夫稱家諸侯千乘大夫百乘宰家臣」馬融曰赤弟子公西華有容儀可使爲行人

【新】子路之於仁蓋日月至焉者或在或亡不能必其有無故以不知告之」賦兵也古者以田賦出兵故謂兵爲賦春秋傳所謂悉索敝賦是也言子路之才可見者如此仁則不能知也」千室大邑百乘卿大夫之家宰邑長家臣之通號」赤孔子弟子姓公西字子華

【古義】仁實德也故雖子路之才猶難必其有所以夫子以不知告之」朱氏曰賦兵也古者以田賦出兵故謂兵爲賦言子路之才可見者如此仁則不可知也」千室大邑百乘卿大夫之家宰邑長家臣之通號」赤孔子弟子姓公西字子華」三子之材自他人觀之皆足以稱仁者然夫子不許之者蓋學有實材有實德孔門固貴乎實材而至於實德尤難其人故夫子於三子皆許其材之可用而一無以仁許之者若管仲雖非有實德者而素有濟天下之志又能成濟天下之功故夫子亦稱其仁至

於三子則未可預期其功又不見其慈愛之德全有於己故皆以不知答之」論曰世之務詞章記誦者多騖於空文而不知成德達材夫有實德而後實材可得而施有實材而後詞章記誦亦得爲吾之資若夫既無實德之可觀亦無實材之可取則雖議論可聞文章可觀皆無益之瑣事焉耳三子之爲人雖未可知其仁而其所自期者既如此夫子之所許者亦如此則雖未至有實德而亦可謂有實材者矣古人之學隨而可知矣

徵 千乘之國可使治其賦也千室之邑百乘之家可使爲之宰也束帶立於朝可使與賓客言也此孔子許三子者與三子自言其志同也非唯聖人能知人而三子亦自知也

子謂子貢曰女與回也孰愈對曰賜也何敢望回回

也聞一以知十賜也聞一以知二子曰弗如也吾與女弗如也

古孔安國曰愈猶勝也」包氏曰既然子貢不如復云吾與女俱不如者蓋欲以慰子貢也

新愈勝也」一數之始十數之終二者一之對也顏氏明睿所照卽始而見終子貢推測而知因此而識彼無所不悅告往知來是其驗矣」與許也○胡氏曰子貢方人夫子既語以不暇又問其與回孰愈以觀其自知之如何聞一知十上知之資生知之亞也聞一知二中人以上之資學而知之之才也子貢平日以已方回見其不可企及故喻之如此夫子以其自知之明而又不難於自屈故既然之又重許之此其所以終聞性與天道不特聞一知二而已也

古義愈勝也子貢方人夫子問其與回孰愈以觀其自知如何」聞一知十謂聞一事而知十事蓋推類之所極而言也聞一知二謂因此而知彼胡氏曰聞一知十上知之資生知之亞也聞一知二中

人以上之資，學而知之之才也」與許也言女固弗如回然吾又與女所謂弗如之言蓋有合於夫子謙己服人之心故既然之又重許之也」此見服人之善之難也蓋知人之善固難而服人之善最難既知人之善而又不難於自屈天下之至難也子貢於是知其進德之深也人惟以穎悟觀子貢者未也

家語在厄篇曰使爾多財吾為爾宰

徵 吾與女弗如也。中間不句斷。孔子自言己亦不如也。亦願為其宰意。聖人好賢之誠也。亦喜子貢自知之明。且先王之道。散在天下。孔子無常師。訪求四方。迺集於我。可謂艱矣。而顏子得之於孔子。不須搜求。其聰明又如此。過此以往。殆不可測矣。故孔子自言不如者。要之將來也。古註慰子貢。非

皇疏秦道賓曰爾雅云與許也仲尼許子貢之不如也

是。朱註與訓許。女下句斷。本諸秦道賓。不知聖人之心也。且昧乎文辭也。

宰予晝寢子曰朽木不可雕也糞土之牆不可杇也於予與何誅子曰始吾於人也聽其言而信其行今吾於人也聽其言而觀其行於予與改是

古 孔安國曰宰予弟子宰我」包氏曰朽腐也雕雕琢刻画」王肅曰杇鏝也此二者以喻雖施功猶不成」孔安國曰誅責也今我當何責於汝乎深責之」孔安國曰改是聽言信行更察言觀行發於宰我之晝寢

新 晝寢謂當晝而寢朽腐也雕刻画也杇鏝也言其志氣昏惰教無所施也與語辭誅責也言不足責乃所以深責之」宰予能言而行不逮故孔子自言於予之事而改此失亦以重警之也胡氏曰子

曰疑衍文不然則非一日之言也○范氏曰君子之於學惟日孜孜斃而後已惟恐其不及也宰予晝寢自棄孰甚焉故夫子責之胡氏曰宰予不能以志帥氣居然而倦是宴安之氣勝儆戒之志惰也古之聖賢未嘗不以懈惰荒寧爲懼勤勵不息自強此孔子所以深責宰予也聽言觀行聖人不待是而後能亦非緣此而盡疑學者特因此立教以警羣弟子使謹於言而敏於行耳

古義 晝寢謂當晝而寢」朽腐也雕刻画也杇鏝也言其志氣昏惰教無所施與語辭誅責也言不足責乃是深責之也」宰予能言而行不逮故夫子自言於予之事而改前之失乃所以重警之也胡氏曰子曰疑衍文不然則非一日之言也」范氏曰君子之於學惟日孜孜斃而後已惟恐其不及也宰我晝寢自棄孰甚焉故夫子責之○聽言信行待人之誠自當如此聽言觀行觀人之法亦當如此二者並行而不相害初非聽其言而全信其行也亦非緣此而盡疑學者也蓋聖人之心猶造化之妙隨物賦形或培或覆各因其材其言於予改是者適因宰我之事而發耳

公羊傳僖二年曰獻公朝諸大夫而問焉曰寡人夜者寢而不寐其意也何晋語曰獻公田見翟祖之氛歸寢不寐

檀弓語家語曲禮篇作康子晝居內寢孔子云云可備一證

左傳宣二年

徵宰予晝寢古來以爲晝寐非也古有寢不寐之文寢謂夜臥也然寢非臥也諸侯有正寢燕寢士唯有寢今之內堂也夜則臥于此故謂夜臥爲寢也宰予晝寢晝處于寢也晝處于寢蓋有不可言者焉故孔子深責之檀弓曰夫晝居於內問其疾可也夜居於外吊之可也是故君子非有大故不宿於外非致齋也非疾也不晝夜居於內左傳載趙宣子驟諫靈公患之使鉏麑賊之晨往寢門闢矣盛服將朝尚早坐而假寐麑退歎而言曰不忘恭敬民之主也是晝寐豈可深責之乎後世儒者

聚童子講習。督其勤惰。妄意以謂孔子之責宰我。亦猶我也。故爲此解耳。皇侃本。朽作圬。王肅曰。朽鏝也。皇本亦作圬墁也。侃釋之曰。圬墁之使之平泥也。

子曰吾未見剛者或對曰申棖子曰棖也慾焉得剛

古 包氏曰申棖魯人孔安國曰慾多情慾

新 剛堅强不屈之意最人所難能者故夫子歎其未見申棖弟子姓名慾多嗜慾也多嗜慾則不得爲剛矣○程子曰人有慾則無剛剛則不屈於慾謝氏曰剛與慾正相反能勝物之謂剛故常伸於萬物之上爲物揜之謂慾故常屈於萬物之下自古有志者少無志者多宜夫子之未見也棖之慾不可知其爲人得非悻悻自好者乎故或者疑以爲剛然不知此其所以爲慾爾

書皐陶謨

六言六蔽陽貨篇

古義剛堅強不屈之意申棖弟子姓名」孔氏曰慾多情欲盖夫子發其隱微而明振之不可得剛之由」人多情慾則於一切世味眷戀不急而於義所當爲逡巡畏縮欲進不能此慾之所以不得爲剛也孟子曰行有不慊于心則餒盖多情慾則不慊于心不慊于心則不能剛其勢然也然世俗類以廉介猶直僅得其一端者爲剛而負氣好勝悻悻自好者亦以剛自居殊不知寬裕溫柔以道義自勝者而後可以爲眞剛者也

徵剛者邢昺曰謂質直而理者朱子曰剛堅強不屈之意仁齋先生曰寬裕溫柔以道義自勝者而後可以爲眞剛者也按書九德寬而栗柔而立愿而恭亂而敬擾而毅直而溫簡而廉剛而塞強而義是直剛強各殊也又孔子語子路六言六蔽曰

好仁不好學。其蔽也愚。好知不好學。其蔽也蕩。好信不好學。其蔽也賊。好直不好學。其蔽也絞。好勇不好學。其蔽也亂。好剛不好學。其蔽也狂。是直勇剛各殊也。中庸北方之強。南方之強。謂勇。則強即勇也。邢昺以直解剛。朱子以強解剛。皆非矣。仁齋先生誤援中庸南方之強者。亦沿朱子之誤耳。大氏勇與怯對。以心不懼言。強與弱對。以力不屈撓言。故強勇一類。故非寬裕温柔以道義自勝者。不足爲強勇之至也。剛與柔對。以其質果烈言。既曰温柔。爲得以爲剛乎。辟諸物。金剛木柔。而木有強

易損象傳

有弱火剛水柔水似弱實強然不得以水爲剛矣是字義各有攸當也至於直則以不曲言烏得混乎孔安國曰慾多情慾易所謂懲忿窒慾亦謂慾與色也蓋剛之爲德果烈物莫能干之至於惑色則有時乎失其剛果故曰焉得剛朱註慾多嗜慾也又曰能勝物之謂剛故常伸於萬物之上是其天理人欲之説果其説之是乎則非聖人未足以爲剛也然未聞以聖人爲剛者矣大氐理學者流任口言其理莫有不可言者而名於是乎紊焉豈非堅白之論乎

子貢曰我不欲人之加諸我也吾亦欲無加諸人子曰賜也非爾所及也

【古】馬融曰加陵也」孔安國曰言不能止人使不加非義於己

【新】子貢言我所不欲人加於我之事我亦不欲以此加之於人此仁者之事不待勉強故夫子以爲非子貢所及○程子曰我不欲人之加諸我吾亦欲無加諸人仁也施諸己而不願亦勿施於人恕也恕則子貢或能勉之仁則非所及矣愚謂無者自然而然勿者禁止之謂此所以爲仁恕之別

【古義】加諸我加諸人猶曰施諸己施於人也」博施於民而能濟衆堯舜其猶病諸而子貢謂我所不欲人之加諸我者吾亦欲無加諸人此仁者之所病而子貢以此自期夫子所以抑之也蓋學貴乎副實而嫌乎馳高騖明者其論每過高而實不相副子貢之病正坐此耳學若不及猶恐失之伯玉使者不曰欲無過而曰欲寡其過夫子稱之曰使乎使乎子貢曰吾亦欲無加諸人則是有自居其

位之弊而無深求進益之意其抑之者益進之也

【徵】我不欲人之加諸我也。吾亦欲無加諸人。此言能化其人使不爲非義之事也。故子曰。賜也非爾所及也。孔安國曰。言不能止人使不加非義於己。此古來相傳之說。不可易矣。前篇不使不仁者加乎其身。皆謂非義相干爲加。是古言也。蓋言人以非義之事加諸己。是己心之所不欲也。吾則欲使其人無加非義之事於他人也。自彼視己。己亦他人。故孔安國變人爲己。以明其義耳。本文人我相對。而下吾字不對人而言。其所以變文。可以見已。

楊升庵外集經說部曰吾我一也古人互用之于文取其便誦讀耳無二義也左傳云云莊子云云

楊升庵謂吾我無二義者非矣所引左傳我張吾三軍而被吾甲兵彼則懼我謀以協我及我爲吾家我食吾言莊子吾喪我及吾無糧我無食皆有差別也子貢知者其心謂吾能制止其人使無爲非義然子貢或能爲其一二豈能皆然乎且其用心如此必用知計流於譎詐以至於失己故孔子以非爾所及而遏之耳宋儒不識古文辭以謂此與施諸己而不願亦勿施於人一意但彼曰勿此曰無無者自然而然勿者禁止之謂爲仁恕之別孔子語子貢以恕而仁非所及故孔子云爾妄哉

古者勿無通用。孰爲自然。孰爲禁止。且子貢不曰無之。而曰欲無與孔子所語者何別乎。可謂不能讀論語已。又可謂不能讀古註已。

子貢曰夫子之文章可得而聞也夫子之言性與天道不可得而聞也

古 章明也文彩形質著見可以耳目循性者人之所受以生也天道者元亨日新之道深微故不可得而聞也

新 文章德之見乎外者威儀文辭皆是也性者人所受之天理天道者天理自然之本體其實一理也言夫子之文章日見乎外固學者所共聞至於性與天道則夫子罕言之而學者有不得聞者蓋聖門教不躐等子貢至是始得聞之而歎其美也

○程子曰此子貢聞夫子之至論而歎美之言也

古義 文章指禮樂典籍而言，其事著明，皆可得而聞也」性者人之生質，皆可以進道。天道者福善殃淫之常，不可以知解而得聞也」夫子之教人也，其禮樂文章粲然著明，皆可得而聞也。唯其言性與天道，則不可得而聞焉。蓋聖人之心篤于好善，故知人性之皆可以進于善，而天道之必佑善人也。故其言性曰：性相近也，習相遠也。其言天道曰：天生德於我，桓魋其如予何。然驗之于人事，則疑乎人性之不能皆以進于善，而天道之不必佑善人也。蓋有非信道好德之至不能輒信者矣。此子貢之所以爲不可得而聞也」論曰：聖人之道因人以爲教，故其所謂性、所謂天道，皆世之所謂性與天道，而本非有深昧隱微不易領解者也。而子貢以爲不可得而聞者何哉？蓋人徒知昏明強弱人性之萬差，而不知民之秉彝好是懿德，故人皆可以進善也。徒知吉凶禍福天道之常，而不知皇天無親惟善是親，故天必佑善人也。蓋其好善之不至，故每致疑乎此。子貢之德不及聖人，故亦以夫子之言爲不可得而聞也。其唯聖人乎？其心一於善，而視蓋天蓋地莫非斯善也，故知人之皆可進善而天之必佑善人也此夫子之所以爲聖人也及後世學鶩高遠求道虛玄乃謂性天之理非領悟之人不能輒解子貢學究精微而後始措詞如此豈其然哉聖人所謂性與天道皆後世所謂氣者而未嘗就理而言不可以此求之也必矣

語顏淵見衛靈公篇

徵 夫子之文章謂禮樂也孔子雖聖人不得位不得作禮樂然如語顏淵行夏時乘殷輅服周冕樂則韶舞及散見戴記者亦頗有論四代禮樂者則雖其所罕言猶可得而聞也夫子之言性與天道者今雖弗傳然如中庸喜怒哀樂之未發一段蓋其緒言子貢僅一聞之而深喜之故曰不可得而聞也朱註以可得而聞也爲學者所共聞仁齋以

不可得而聞也。爲絶口不言。皆可謂昧乎文辭已。朱註。文章。德之見乎外者。威儀文辭皆是也。殊不知聖人之文章。豈止是乎。可得而聞。本喜聞之辭。威儀文辭而豈喜聞乎。故又有以爲非聞見之聞者。古書如聞道也。晚之類。謂聞而得之。誠非淺言之者。然此乃高妙之説。流於老佛矣。又曰。性者人所受之天理。天道者天理自然之本體。仁齋先生辨之盡矣。皇侃本。不可得而聞也下有已矣二字。

子路有聞未之能行唯恐有聞

古 孔安國曰。前所聞未及行。故恐後有聞不得並行也。

【新】前所聞者既未及行故恐復有所聞而行之不給也○范氏曰子路聞善勇於必行門人自以爲弗及也故著之若子路可謂能用其勇矣

【古義】前所聞者雖既行之然於心有所未滿則恐復有所聞而行之不給也子路好勇果於行善門人自以爲弗及故編者記之以爲學者之模範也○張氏栻曰有所聞而實未副勇者之所恥也唯恐有聞則其篤於躬行可知然比之得一善拳拳服膺而不失者則未免有强力之意耳

【徵】子路有聞未之能行唯恐有聞是門人之言○曰唯恐者門人之心勞之也以形子路之賢也古文辭之妙如此○

子貢問曰孔文子何以謂之文也子曰敏而好學不恥下問是以謂之文也

【古】孔安國曰：孔文子，衛大夫孔圉，文謚也。」孔安國曰：敏者識之疾也。下問，謂凡在己下者。

【新】孔文子，衛大夫，名圉。凡人性敏者多不好學，位高者多恥下問，故謚法有以勤學好問爲文者，蓋亦人所難也。孔圉得謚爲文，以此而已。〇蘇氏曰：孔文子使太叔疾出其妻而妻之，疾通於初妻之娣，文子怒將攻之，訪於仲尼，仲尼不對，命駕而行。疾奔宋，文子使疾弟遺室孔姞。其爲人如此而謚曰文，此子貢之所以疑而問也。孔子不沒其善，言能如此亦足以爲文矣，非經天緯地之文也。

【古義】孔文子，衛大夫，名圉，文其謚也。文者謚之至美者，而圉之爲人不副，故子貢疑之。言人性敏者必不好學，位高者多恥下問，文子有如是之美，故得謚爲文也。」文之爲謚不可復加，然敏而好學不恥下問，人之所難，而進善之機甚速，雖以文子之爲人，而有如是之美，則其得謚爲文不可謂不宜也。夫子不沒人之善，而其有所譽者必有所試，則文子之賢可從而知矣。且文子能治賓客，而衞靈無道得賴以不喪，則夫子之言非溢美亦可知矣。左氏所記文子之事，恐未必然。

【徵】敏而好學。不恥下問。是雖一行之美。亦可以馴致聖賢之德。故古昔立謚法。亦以爲文。聖人開人善路者如此。孔子稱之。聖人不没人之善者如此。蓋左傳所載。孔文子之事不美。故子貢疑其行謚不副。仁齋先生遂疑左傳所記恐未必然也。可謂不識聖人之道已。亦不識聖人之心已。且子貢既已疑之。則左氏不可疑矣。

子謂子產有君子之道四焉其行己也恭其事上也敬其養民也惠其使民也義

【古】孔安國曰子產鄭大夫公孫僑

新 子產鄭大夫公孫僑恭謙遜也敬謹恪也惠愛利也使民義如都鄙有章上下有服田有封洫廬井有伍之類○吳氏曰數其事而責之者其所善者多也臧文仲不仁者三不知者三是也數其事而稱之者猶有所未至也子產有君子之道四焉是也今或以一言蓋一人一事蓋一時皆非也

古義 子產鄭大夫公孫僑推賢讓能不矜其能執君之事慎而不怠生養其民惠而有恩使之以義不狥其欲君子之道謂萬世通行之道也行己以恭爲要事上以敬爲主養民以惠爲本使民以義爲則苟有此四者則可以治天下豈止鄭國子產雖爲春秋賢大夫然人未知其有君子之道故夫子表而出之論曰稱君子之道與稱聖人之道甚別聖人之道者以其極而言君子之道者以平正中庸萬世通行之法而言若中庸所謂諸章是也但費隱一章說者以高遠隱微之理解之失作者之意甚矣

左傳襄三十一年

徵 左傳曰。鄭人游於鄉校。以論執政。然明謂子產

又曰襄二十六年

又曰襄三十年

曰。毁鄉校如何。子產曰。何爲。夫人朝夕退而游焉以議執政之善否。其所善者。吾則行之。其所惡者。吾則改之。是吾師也。若之何毁之。是可以見其恭也。又曰。鄭伯賞入陳之功。三月甲寅朔。享子展。賜之先路三命之服。先八邑。賜子產次路再命之服。先六邑。子產辭邑。曰。自上以下。降殺以兩。禮也。臣之位在四。且子展之功也。臣不敢及賞禮。請辭邑。公固予之。乃受三邑。是可以見其敬也。又曰。從政一年。輿人誦之。曰。取我衣冠而褚之。取我田疇而伍之。孰殺子產。吾其與之。及三年。又誦之。曰。我有子弟。子產誨之。我有田疇。子產殖之。子產而死。誰其嗣之。可以見其惠與義也。鄭介晉楚。子產相之。能以禮免。子產之功也。而孔子不稱。豈猶有不足於君子歟。

子曰晏平仲善與人交久而敬之

【古】周生烈曰齊大夫晏姓平謚名嬰

【新】晏平仲齊大夫名嬰程子曰人交久則敬衰久而能敬所以為善

【古義】晏平仲齊大夫名嬰。陳氏櫟曰常人之交初則敬久而玩。必不能全交。久而不替。切心所以為善交也。論曰中庸者天下之至難也。蓋不在於行天下難行之事。而乃在於能行平常易行之事。始終不衰。故曰中庸不可能也。苟知此則識晏子之行不可及也。

【徵】晏平仲善與人交。久而敬之。皇侃本。久而敬之。作久而人敬之。其疏曰。此善交之驗也。交久而人愈敬之也。邢昺本無人字。非矣。蓋久而平仲敬之。豈可謂之善與人交乎。久而人敬之。而後善交之驗見矣。此蓋平仲孔子所素知。偶記其一善以稱之。以平仲爲先輩。故稱此而使人則之也。非以槩其人也。不與上章論子產一例。

子曰臧文仲居蔡山節藻梲何如其知也

【古】包氏曰臧文仲魯大夫臧孫辰文謚也蔡國君之守龜出蔡地因以爲名焉長尺有二寸居蔡僭也」包氏曰節者栭也刻鏤爲山梲者梁上楹畫爲藻文言其奢侈」孔安國曰非時人謂之爲知

新藏文仲魯大夫藏孫氏名辰居猶藏也蔡大龜也節柱頭斗拱也藻水草名梲梁上短柱也蓋爲藏龜之室而刻山於節畫藻於梲也當時以文仲爲知孔子言其不務民義而諂瀆鬼神如此安得爲知春秋傳所謂作虛器即此事也○張子曰山節藻梲爲藏龜之室祀爰居之義同歸於不知宜矣

古義藏文仲魯大夫藏孫氏名辰蔡大龜也謂蔡室以藏蔡節柱頭斗拱藻水草名梲梁上短柱言刻山於節畫藻於梲也朱氏曰當時以文仲爲知孔子言其不務民義而諂瀆鬼神如此安得爲知蔡氏清曰文仲居蔡其崇重如此則是一心倚著鬼神而有希福之心矣既重於此必輕於彼而人道所當然必在所略此豈智者所爲乎

徵居蔡○如居貨居室廢居之居○謂買蔡也○朱註○居猶藏也○以爲藏龜之室○與下山節藻梲相粘○非也○

漢書食貨志云。元龜爲蔡。家語稱漆雕平對孔子云。臧氏有守龜。其名曰蔡。文仲三年而爲一兆。武仲三年而爲二兆。鄭玄包咸皆云。出蔡地。因以爲名。未知何據。山節藻棁。按明堂位。天子之廟飾也。居蔡與山節藻棁。古註以爲二事。云居蔡僭也。山節藻棁。言其奢侈。今按二事皆僭也。朱註以爲一事。謂藏龜之室。山節藻棁。是不識居字也。又以爲山節藻棁。不關不知之事。故連諸居蔡以解之。殊不知孔子所謂不知。乃謂不知禮也。且古者蓍龜皆藏諸宗廟。故別無藏龜之室。何者。王者受命於

莊子秋水篇

天與祖宗。祀祖宗配之天。一之也。故國有大事。謀諸鬼神。謂祖宗之神也。鬼神不言。以卜筮告之也。故禮運曰。先王秉蓍龜。列祭祀。瘞繒。宣祝嘏辭說。設制度。莊子曰。吾聞。楚有神龜。死已三千歲矣。王巾笥而藏之廟堂之上。明其在宗廟也。故蓍龜蓋鬼神之紹介也。若不問諸宗廟而問諸蓍龜。則先王可謂不知本已。故知山節藻梲非藏龜之室也。朱子不知禮。故其筮儀曰。爲蓍室南戶。置牀于室中央。安蓍于其上。焚香讀祝而筮之。是以蓍爲神也。蓍龜雖靈。稟命於物。先王之道。豈若是其陋乎。

子張問曰令尹子文三仕爲令尹無喜色三已之無愠色舊令尹之政必以告新令尹何如子曰忠矣曰仁矣乎曰未知焉得仁崔子弑齊君陳文子有馬十乘棄而違之至於他邦則曰猶吾大夫崔子也違之之一邦則又曰猶吾大夫崔子也違之何如子曰清矣曰仁矣乎曰未知焉得仁

【古】孔安國曰令尹子文楚大夫姓鬬名穀於菟」但聞其忠事未知其仁也」孔安國曰皆齊大夫崔杼作亂陳文子惡之捐其四十匹馬違而去之」孔安國曰文子避惡逆去無道求有道當春秋時臣陵其君皆如崔子無有可止者

【新】令尹官名楚上卿執政者也子文姓鬬名穀於菟其爲人也喜怒不形物我無間知有其國而不

知有其身其忠盛矣故子張疑其仁然其所以三仕三已而告新令尹者未知其皆出於天理而無人欲之私也是以夫子但許其忠而未許其仁也崔子齊大夫名杼齊君莊公名光陳文子亦齊大夫名須無十乘四十匹也違去也文子潔身去亂可謂清矣然未知其心果見義理之當然而能脫然無所累乎抑不得已於利害之私而猶未免於怨悔也故夫子特許其清而不許其仁〇愚聞之師曰當理而無私心則仁矣今以是而觀二子之事雖其制行之高若不可及然皆未有以見其必當於理而眞無私心也子張未識仁體而悅於苟難遂以小者信其大者夫子之不許也宜哉讀者於此更以上章不知其仁後篇仁則吾不知之語并與三仁夷齊之事觀之則彼此交盡而仁之爲義可識矣今以他書考之子文之相楚所謀者無非僭王猾夏之事文子之仕齊既失正君討賊之義又不數歲而復反於齊焉則其不仁亦可見矣

古義 令尹官名楚上卿執政者也子文姓鬬名穀於菟子張以子文忘其身而忠於國故疑其仁夫

依於仁及欲仁
共見述而篇

子以其未必出於至誠惻怛之心又無利澤及物之功故但許其忠而不許其仁也」崔子齊大夫名杼齊君莊公名光陳文子亦齊大夫名須無十乘四十匹也違去也子張以文子制行之潔又疑其仁夫子以文子亦子文之比故亦但許其清而不許其仁也○按春秋傳崔杼弒君之後文子屢見然觀夫子既許其清則左氏之說不可據信」先王有不忍人之心斯有不忍人之政故謂之仁政雖有仁心仁聞然民不被其澤謂之徒善以其不足爲仁也二子既無慈愛惻怛之德又不見有利澤恩惠遠及於物故夫子俱不許其仁蓋以德行之謂之仁以力勉之謂之節若二子之忠清可謂之節不可謂之仁何者無其德也若使仁人爲之固可謂之仁豈止忠與清哉

徵 以仁爲慈愛世所皆知也獨孔子以依於仁教其門人及欲仁斯仁至之類皆非慈愛之謂也故子張疑之思求其人質諸孔子令尹子文喜怒不

孟子所謂見公孫丑篇

形。物我無間有似盛德之士。廼宋儒所謂天理之公無人欲之私者。陳文子。亦孟子所謂行一不義殺一不辜得天下不爲之意。子張高邁之士。故其所疑如此。蓋仁者長人安民之德。其心固在安天下之民。而其所爲亦可以安天下之民者。謂之仁焉。如子文之不有己。文子之潔身而無欲。制行雖高。止於淑身。未見其可以安天下之民者。故孔子不許之。宋儒求之而不得其解。旁引二子它行事以論之。可謂窘矣。殊不知二子非古人。孔子特據子張所稱者斷之。豈及其它行事乎。延平先生當於理而無私心。豈足以爲仁乎。仁齋先生以出於至誠惻怛之心論之。可謂刻矣。夫孔子之於二子。於三仁。或在它邦。或在上世。既不見其人。何以能知其出於至誠惻怛哉。且其說皆至於管仲而窮矣。可謂臆說已。

季文子三思而後行子聞之曰再斯可矣

古 鄭玄曰季文子魯大夫季孫行父文謚也文子忠而有賢行其舉事寡過不必乃三思

新 季文子魯大夫名行父每事必三思而後行若使晉而求遭喪之禮以行亦其一事也斯語辭程子曰爲惡之人未嘗知有思有思則爲善矣然至於再則已審三則私意起而反惑矣故夫子譏之

○愚按季文子慮事如此可謂詳審而宜無過舉矣而宣公篡立文子乃不能討反爲之使齊而納

黃氏說見升庵文集四書類及代醉編今按皇疏李彪曰君子之行謀其始思其中慮其終然後允合事機舉無遺筭是以曾子三省其身南

賂焉豈非程子所謂私意起而反惑之驗與是以君子務窮理而貴果斷不徒多思之爲尚

古義 季文子魯大夫名行父每事必三思而後行夫子曰再斯可者譏其必限三思而後行之非謂再則已審也此譏季文子爲魯國卿不知爲政之體也書曰思曰睿睿作聖孟子曰心之官則思思則得之弗思則不得思之有益于事也固大矣然爲政莫善於明決果斷莫不善於優游不決故曰由也果於從政乎何有夫事之千條萬緒固有不待一思而得者矣或有千思萬想而猶難決者矣而季文子每事必三思而後行則是徒爾思惟不知決斷夫子之所以譏之也

徵 季文子三思而後行是或季文子自言而魯人誦之者故曰子聞之也再斯可矣是孔子斷其妄己言季文子惡能三思苟能再思斯可矣黃東發爲是鄭玄曰不必乃三思此言文子既能舉事寡

容三復白圭夫子稱其賢且聖人敬愼於教訓之體但當有重耳固無緣有緘損之理也時人稱季孫名過其實故孔子矯之言季孫行事多闕許其再思則可矣無緣乃至三思也黄氏以前已有此説

學而不思爲政篇

又曰見衛靈公篇

書曰堯典又曰洪範

孟子告子篇又曰離婁篇

過則但再思之斯亦爲可也文例不合難可從矣。程子曰。爲惡之人。未嘗知有思。有思則爲善矣。然至於再則已審。三則私意起而反惑矣。朱子曰。君子務窮理而貴果斷。不徒多思之爲尚。是自宋儒之見矣。曰學而不思則罔。思而不學則殆。又曰吾嘗終日不食。終夜不寢以思。無益。不如學也。皆勸學之言。且其所謂學。豈窮理之謂乎。書曰欽明文思。又曰思曰睿。睿作聖。孟子曰。心之官則思。又曰。周公思兼三王。以施四事。其有不合者。仰而思之。夜以繼日。幸而得之。坐以待旦。是古聖賢之貴思也故事有大焉有小焉有遠焉有近焉事之小而近雖不思可也大而遠雖千百思之可也何必再三之有大氐宋儒之乏於深遠之思也爲其所見誤之已

子曰甯武子邦有道則知邦無道則愚其知可及也其愚不可及也

古 馬融曰衛大夫甯俞武諡也」孔安國曰佯愚似實故曰不可及也

新 甯武子衛大夫名俞按春秋傳武子仕衛當文公成公之時文公有道而武子無事可見此其知之可及也成公無道至於失國而武子周旋其間盡心竭力不避艱險凡其所處皆知巧之士所深避而不肯爲者而能卒保其身以濟其君此其愚之不可及也〇程子曰邦無道能沉晦以免患故

曰不可及也亦有不當愚者比干是也

【古義】甯武子衛大夫名俞武子事衛成公事見春秋傳○此言甯武子處世之權自合于君子之道也人唯知邦有道則知之難而不知邦無道則愚之益難邦有道則上明下直是是非非無所忌憚方是時也固易用知以濟事邦無道則上昏下訣是非貿亂方是時也既不枉道以希合亦不悖直以取禍是爲難能也此所以其知可及而其愚不可及也○盧氏一誠曰古之豪傑善自韜晦以濟大事如留侯之爲韓梁公之爲唐皆不可及之愚也彼陳蕃王允非不烈然而死惟不能爲武子之愚故徒殺其身而甚國之難君子有遺議焉

【徵】甚矣哉人之喜以賢知自見也以至殺其身以至棄其百乘之富而不顧也夫殺其身棄其百乘之富而不顧也豈不難乎然其喜以賢知自見也

徒殺其身而已矣。徒棄其百乘之富而已矣。卒無以濟其事成其功者。無它故也。其心在賢知而不在忠也。其心在賢知者。止於淑其身而已矣。其心在忠者。仁之道也。甯武子之愚。見取於孔子者。以此歟。然其愚之不可及。亦甯武子之性也。孔子明言不可及也。人之至性。雖聖人亦不能及也。後世儒者不知此意。

子在陳曰歸與歸與吾黨之小子狂簡斐然成章不知所以裁之

【古】孔安國曰簡大也孔子在陳思歸欲去故曰吾黨之小子狂簡者進取於大道妄作穿鑿以成文

章不知所以裁制我當歸以裁制之耳遂歸

【新】此孔子周流四方道不行而思歸之歎也吾黨小子指門人之在魯者狂簡志大而略於事也斐文貌成章言其文理成就有可觀者裁割正也夫子初心欲行其道於天下至是而知其終不用也於是始欲成就後學以傳道於來世又不得中行之士而思其次以爲狂士志意高遠猶或可與進於道也但恐其過中失正而或陷於異端耳故欲歸而裁之也

【古義】吾黨小子指門人之在魯者狂簡志大而略於事也斐文貌成章言其文理成就有可觀者裁割正也謂能裁義理而行之也此門人記夫子之教大被萬世之由也夫子當初周流天下欲以行道至是而知其終不行故欲成就後學以詔道於來世而中行之士不可必得而吾黨之小子志大而略於事雖可與進於道然恐其或過中正於是欲歸魯而裁之是教法之所以始立也蓋三代聖人其德雖盛然與民共治因時爲政其教不得大被于萬世之遠至於吾夫子而後教法始立道學

詩簡兮邶風

孟子盡心篇

始明猶日月之麗天而萬古不墜也猗嗟盛哉此雖夫子之不幸然在萬世學者則實大至幸也

徵 吾黨謂孔子鄉黨也。狂簡蓋古言。不可以簡畧訓之。孔安國曰。簡大也。詩簡兮。毛萇亦訓大。孟子引孔子在陳曰。盍歸乎來。吾黨之士狂簡。進取不忘其初。孟子又曰。狂者進取。皆無簡略之說。蓋狂者志大。故曰狂簡。志大而進取。其成也速。故曰斐然成章。言文采可觀。棄之遠游。自悔之言也。不知所以裁之者。孔子不知也。自悔其不知。而欲歸以裁之也。所以裁之。謂方法。孔子歸魯。脩六經。乃其方法也。蓋孔子道不行於當世。乃欲傳之後。先王

孟子盡心篇

家語七十二弟子解

史記仲尼弟子列傳載奚容蒧字子皙狄黑字皙併點爲三人

之道大。非狂簡不能負荷。所以思也。朱註以其不及中行。必欲見貶意。豈孔子思之意乎。如孟子不惡其初。思孔子不措也。趙岐以爲孔子思之。朱子以爲不改舊習。皆非矣。孟子以琴張牧皮曾皙狂也。家語有琴牢字子張。趙岐謂琴張顓孫子張也。其爲人踸踔譎詭。論語曰。師也辟。故不能純善而稱狂。又善鼓琴。號曰琴張。然稱仲由子路。則顏路連姓以別之。字皙者三人。則曾點亦連姓。稱孔伋子思。則原憲亦連姓。是稱呼之常也。由是觀之琴張自牢。子張自師。岐說似失。

子曰伯夷叔齊不念舊惡怨是用希

古 孔安國曰伯夷叔齊孤竹君之二子孤竹國名

新 伯夷叔齊孤竹君之二子孟子稱其不立於惡人之朝不與惡人言與鄉人立其冠不正望望然去之若將浼焉其介如此宜若無所容矣然其所惡之人能改即止故人亦不甚怨之也○程子曰不念舊惡此清者之量又曰二子之心非夫子孰能知之

古義 相傳伯夷叔齊孤竹君之二子孟子稱其不立於惡人之朝不與惡人言與鄉人立其冠不正望望然去之若將浼焉其介如此宜若無所容然其所惡之人能改即止故人亦不怨之也」此明伯夷叔齊之仁蓋顯微闡幽之意夫清者之心必深念舊惡而至於絕物若清者而不念舊惡則非仁者不能也若夷齊之行自合於聖人與其絜也不保其往之心也其曰怨是用希者蓋稱其仁也孟子亦論伯夷伊尹柳下惠曰三子者不同道其趨一也一者何也曰仁也足以相發明焉

孟子所載見公孫丑篇

徵 惡不仁。伯夷叔齊之性爲然也。不念舊惡、惡不仁之不已甚也。念不忘也。舊惡。舊時之惡也。朱註其所惡之人能改即止。夫既改之。烏可爲惡。蓋舊時之惡。乃有時去事移欲改而不可得者。是舊惡也。且如楚滅同姓。田氏篡齊。至於昭王宣王之時。既爲舊惡。孔子應聘。孟軻游事。是不念舊惡也。然此在他人。亦非難事。特夷齊惡惡之嚴。如孟子所載。則宜若念舊惡然。而乃洒然如忘者。孔子所以稱之也。亶父翦商。豈無奪人國侵人地之事。西伯之時。周益强大。豈必復奪國反侵地。亦世移事去

孔子又曰述而篇

孟子萬章篇曰伯夷聖之清者也

孔子曰陽貨篇

匿怨本篇

凱風小弁之辨見孟子告子篇

史記伯夷傳

而不可如之何。而夷齊聞西伯作興。往而歸之。亦不念舊惡之一事耳。孔子又曰。求仁而得仁。又何怨。謂其得仁人而歸之。正與此章之義相發。怨者。伯夷之怨也。朱註。人亦不甚怨之。是其意據孟子。以伯夷爲聖人。又其所見聖人如達磨。故不屬諸伯夷。而屬他人耳。殊不知怨者人情之所不能無也。孔子曰。可以怨。又曰。怨而不怒。又曰。匿怨而友其人。丘亦恥之。舜之怨慕。凱風小弁之辨。豈不然乎。且子貢明曰怨乎。史記列傳亦曰。怨邪非邪。是伯夷本有可怨之迹也。希。微也。謂怨之迹不可見

孟子論見離婁及公孫丑篇

也。怨之迹不可見。故子貢司馬遷皆疑之。老子曰。聽之不聞。名曰希。是希字之義也。蓋伯夷叔齊以孤竹君之二子見稱。不得於其父。棄千乘之國。去而隱於海濱於首陽之山。是伯夷叔齊之迹。爲孤臣孽子。故世人以怨疑之耳。然伯夷之不得於父在惡不仁。蓋觀於武王戡商之後。以燕衞齊魯封其功臣。則紂同惡之國。多在東北。孤竹去燕不遠。必亦畿甸諸侯耳。伯夷乃不欲事紂。父知其心。欲立叔齊。而叔齊與凡同心。遂讓之仲子。故讓爲美德。而孔子不稱之。獨以不降志不辱身稱之。孟子

家語弟子行

文王敬忌見書康誥

王直著夷齊十辨載皇明文衡

亦明稱避紂及不立惡人之朝者。原諸其心也。然餓於首陽。隱於海濱。其迹似怨。及於西歸於周。享大老之養。而後怨之迹洗然矣。故孔子以不念舊惡表章之耳。家語曰。不克不忌不念舊怨者。伯夷叔齊之行也。不克者。不忮害也。不忌者。無所顧慮也。如文王敬忌及無忌憚。皆此義。家語所載益足想二子胸次脫灑。毫無帶芥也。扣馬諫武王事。明王氏辨其妄盡矣。

子曰。孰謂微生高直。或乞醯焉。乞諸其鄰而與之。

古 孔安國曰。微生姓。名高。魯人也。」孔安國曰。乞之四鄰以應求者。用意委曲。非爲直人。

【新】微生姓，高名，魯人。素有直名者。醯，醋也。人來乞時，其家無有，故乞諸鄰家以與之。夫子言此，譏其曲意徇物，掠美市恩，不得爲直也。○程子曰：微生高所枉雖小，害直爲大。范氏曰：是曰是，非曰非，有謂有，無謂無，曰直。聖人觀人於其一介之取予，而千駟萬鍾從可知焉。故以微事斷之，所以教人不可不謹也。

【古義】微生姓，高名，魯人也。素有直名者」醯，醋也。人來乞時，其家無有，故乞諸鄰家而爲己之所畜以與之，故夫子譏其不得爲直也」人之乞物，有則當與，無則當辭。倘再三乞而不止，則旁乞諸人而與之，亦豈不可？而微生高方人之乞醯，其家無有，而乞諸其鄰，以爲己物而與之，不直甚焉。聖人最嫉世之釣名掠美，微然以自高者，若微生高是也。彼曲意徇物，其事雖小，然不可與入君子之道也。夫子譏高之不直，亦惡鄉原亂德之意也。

【徵】微生高，蓋孔子鄉人○以直見稱於鄉○孔子亦愛

憲問篇曰微生畝謂孔子曰丘何爲是栖栖者與無乃爲佞乎

之。孰謂微生高直。似謂非直者。蓋反言以戲之耳。親之至也。意者孔子家乞醯曰或者。佯爲不知。皆戲言也。家偶無醯。而乞諸其鄰。以應人需。千何直不直。故知其爲戲也。若使非孔子家乞之。而他人乞之。是自瑣事。孔子何與聞其事乎。以瑣事而識人。閭巷間匹夫匹婦之事。豈可謂孔子有之乎。故知孔子家乞之也。微生畝待孔子甚倨。高必其族。故知其爲鄉人也。門人錄之者。蓋以見孔子處鄉黨。愷悌親人也。且高以直自持。亦悻悻自好者一且孔子家乞醯。而高不忍使其人空返。乞諸其鄰存疑一説孰誰也言今之人有誰謂微生高直者嘆人不知其直也因舉乞醯一事委曲用意如此宜狗迹不謂其直而諒心者深信其直也鄉人之子八佾篇

而與之者。是不與其平生所爲相似也。孔子戲言以喻之。使其知凡事不可徒直。亦教誨之道存焉。後儒不學詩。不知言。遂謂高用意委曲。衒名沽譽。故孔子譏之。陋哉。亦高儕輩耳。明儒又有以孰謂微生高直。爲人不識其直者。然此與孰謂鄉人之子知禮語勢正同。則不可從矣。

子曰巧言令色足恭左丘明恥之丘亦恥之匿怨而友其人左丘明恥之丘亦恥之

古 孔安國曰。足恭。便僻貌。孔安國曰。左丘明。魯太史。孔安國曰。心内相怨。而外詐親。

新 足過也。程子曰。左丘明古之聞人也。謝氏曰。二者之可恥。有甚於穿窬也。左丘明恥之。其所養可

正字通足又御韻直去聲過也

知矣夫子自言丘亦恥之蓋竊比老彭之意又以深戒學者使察乎此而立心以直也

古義 朱氏曰足過也程子曰左丘明古之聞人也其所恥有深合于聖人之心故曰丘亦恥之亦竊比老彭之意此承上章之意而類記之其務飾於外而內實無誠者聖人之所深嫉也若左丘明之所恥實皆用意挾私不由直道在學者有甚於穿窬之盜者故聖人戒之

徵 足恭孔安國曰便辟貌其人去孔子時不甚遠必有所受邢昺解其義曰便習盤辟其足以爲恭也未知是否又曰一說足將樹切成也謂巧言令色以成其恭取媚於人也朱註因其音而換其義曰足過也然二說皆無據字書將樹切又引管子足本法言足言足容殊爲不類將樹切它無所用

足恭象恭也法言吾子篇足言足容又管子五行篇苗足本注足猶擁也

正考父鼎銘見左傳昭七年

大象易小過

吾與女不如本篇

願爲之宰已見

直在其中子路篇

亦爲譌音祇當從孔說讀如字而不必深求其義可也理學家妄以中爲妙道動以過不及爲說段使過恭果爲可恥則正考父一命僂再命傴三命而俯循墻而走豈非過恭耶大象曰山上有雷小過君子以行過乎恭豈不君子乎可謂妄說已此章意左丘明質直好義孔子美之其曰丘亦恥之者亦吾與女不如願爲之宰意聖人好賢之誠也仁齋先生乃觀此章及人之生也直類動拈直字殊不知直亦一德豈可槩一切乎如直在其中聖人不執一直字後世昧乎一貫之義遂爲一槩之

韓進學解左氏浮誇
後儒說見大全朱子說及鄭夾漈氏族誌
宋玉曰登徒子好色賦

說耳。孔安國又曰。左丘明魯太史。則是作左傳者。豈有異人。程子乃泥韓愈浮誇之言。以爲別人。而曰古之聞人也。後儒遂曰。左丘姓。明名。皆無稽臆說。不足信矣。宋玉曰。口多微辭。所學於師也。豈可以其文而疑其人乎。且左傳之文。乃史之妙者。宋儒昧乎文。其以爲浮誇。宜矣。夫詩易列六經。而詩嫌誨淫。易類詭譎。設使不列六經。則程子謂之何。世微左傳。孰知春秋之意。丘明之功偉哉。大氐道學先生。妒心頗多。

顏淵季路侍。子曰。盍各言爾志。子路曰。願車馬衣輕

裘與朋友共敝之而無憾顔淵曰願無伐善無施勞子路曰願聞子之志子曰老者安之朋友信之少者懷之

古 孔安國曰憾恨也」孔安國曰不自稱己之善」孔安國曰不以勞事置施於人」孔安國曰懷歸也

新 盍何不也」衣服之也裘皮服敝壞也憾恨也」伐誇也善謂有能施亦張大之意勞謂有功易曰勞而不伐是也或曰勞勞事也勞事非己所欲故亦不欲施之於人亦通」老者養之以安朋友與之以信少者懷之以恩一說安之安我也信之信我也懷之懷我也亦通○程子曰夫子安仁顔淵不違仁子路求仁又曰子路顔淵孔子之志皆與物共者也但有小大之差爾又曰子路勇於義者觀其志豈可以勢利拘之哉亞於浴沂者也顔子不自私己故無伐善知同於人故無施勞其志可謂大矣然未免出於有意也至於夫子則如天地之化工付與萬物而已不勞焉此聖人之所爲也今夫

羈靮以御馬而不以制牛人皆知羈靮之作在乎人而不知羈靮之生由於馬聖人之化亦猶是也先觀二子之言後觀聖人之言分明天地氣象凡看論語非但欲理會文字須要識得聖賢氣象

古義 盍何不也」衣服之也」伐猶黨同伐異之伐無伐善者言不毁害人之善也勞勞事也言勞事非己所欲故亦欲無施之於人也」老者志疲故安其意而使無憂虞也朋友易離故堅守信而不相遐棄也少者畏上故懷來之而爲其依歸也」聖門學者誠實端慤言即其所行行即其所言苟躬行有所未至則不敢輕以自許若諸子之言志是也子路欲篤於朋友而無一毫鄙吝之心顏子欲成人之善而不施勞事至於夫子則欲凡人之接我者無一不得其所若子路之言固善矣然徒有與人共之之意而未見及物之功顏淵之言固有及物之功然未見物各得其所之妙若夫子則如天地然一元之氣運於上而無一物不得其所不待物物著力然後能之蓋子路義也顏淵仁也夫子造化也猶人在於天地之中而不知天地之大也大矣哉

徵車馬衣輕裘衣如字朱註去聲不識古文辭者矣馬而言敝亦有疲敝之義無施勞孔安國曰不以勞事置施於人置施蓋漢時言未詳其義豈已則憚勞不爲留以施於人之意歟朱註施亦張大之意不知何據不施勞事於人其義自美何必改焉邢昺疏老者安已事之以孝敬也朋友信已待之以不欺也少者歸已施之以恩惠也是朱註後說甚優朱子更設前說者其意謂季路顔淵皆以工夫孔子獨以效驗則似不倫故也是自朱子意見豈識孔子時語意乎夫志者願也欲得其所未

夫子與點先進篇

子路者曾子所畏孟子公孫丑篇或問乎曾西曰吾子與子路孰賢曾西蹙然曰吾先子之所畏也

得者也。如三子言志。則以出言。此則以處言。故有不同。程子曰。子路顏淵孔子之志。皆與物共者也。但有小大之差爾。此誠然。秪子路以輕財利言之。顏淵以輕功伐言之。皆主一端。至於孔子。則無事一端。是所謂大也。程子又謂子路勇於義。亞於浴沂者也。此睹夫子與點之言。而妄意曾點優子路。夫子路者曾子所畏也。其材德何必不及曾點哉。夫子所與者與其志已。曾點之材不可考。則優劣之說。皆臆斷已。又曰。顏子之志。未免出於有意也。至於夫子。則如天地之化工。付與萬物。是誠然然

或謂文林貫旨說

出於有意者豈必畀下哉顏子之志大禹之德也孔子之志堯舜之化也宋儒務佑佑乎有意無意之辨原其所由來亦莊禪之遺矣學者其察諸又按子路或稱季路季其字也或謂仕季氏故稱季路妄哉豈謂妻敬之陋昉自孔門邪

子曰已矣乎吾未見能見其過而內自訟者也

古 包氏曰訟猶責也言人有過莫能自責

新 已矣乎者恐其終不得見而歎之也內自訟者口不言而心自咎也人有過而能自知者鮮矣知過而能內自訟者爲尤鮮能內自訟則其悔悟深切而能改必矣夫子自恐終不得見而歎之其警學者深矣

古義 朱氏曰已矣乎者恐其終不得見而歎之也內自訟者口不言而心自咎也人之於過也憚改而必文苟能見其過而內自責如訟者之必許人之非而不少假借則其悔悟深切纖毫無遺非實好學者豈能然乎夫子歎其終不得見則可見天下非無好學者而眞好學者之甚尠也子路人告之以有過則喜稱爲百世之師宜矣

徵 已矣乎吾未見能見其過而內自訟者也顏子不貳過蓋顏子死後少見此人家語稱弟子之行顏子之外亦莫有此夫子所以嘆也

子曰十室之邑必有忠信如丘者焉不如丘之好學也

古注 無

新 十室小邑也忠信如聖人生質之美者也夫子生知而未嘗不好學故言此以勉人言美質易得至道難聞學之至則可以爲聖人不學則不免爲鄉人而已可不勉哉

古義 十室小邑也言美質之人無處而不有至於好學之人則天下鮮矣此數美質之易得而好學者之甚難得也學問之至積小成大化舊爲新生乎千載之下而可以是非千載之上以七尺之軀而可與天地竝立而參故好學之益不可量也夫子以生知之聖而復曰好學者益道本無窮故學亦無窮故聖人有聖人之學賢者有賢者之學學者有學者之學其造道愈深則好學愈篤唯夫子爲能好學而益見其度越乎群聖人也論曰舊解有至道難聞之說亦一旦豁然之意益聖門之學以道德爲本而不離人倫日用之間故有進修之可驗而無一悟之可期後世專以理爲主而以一旦豁然爲的於是實德愈病而與聖門之旨日相背馳學者宜鑒焉

徵 十室之邑必有忠信如丘者句絕焉於虔切屬

詩大雅烝民篇

下句。此衞瓘讀。見邢昺疏。蓋孔子門人。或有仕爲邑宰而不與學。乃以人不好學爲辭者。故云爾。十室謂其極小者。必者懸斷詞。言雖極小之邑。必有忠信如我者。則豈無好學者哉。特未使其學焉耳。苟使學之。必能好之也。孔子屢以好學自稱。人亦以此稱之。故皆以我言之。夫學者。人之天性也。故詩曰。民之秉彝。好是懿德。凡有一美。人必倣效。聖人循此性而建學問之道。學而時習之。不亦悅乎。悅好也。若使人性不好學。則烏能悅之。如舊說。焉屬上句。則孔子以好學自負。而懸斷其必不好學。

可謂謬矣。朱註。忠信如聖人。生質之美者也。忠信誠美質。然孔子之意則不然。孔子豈以美質自居乎。蓋忠信者中庸之德。乃非甚高難行之事。故以自稱。又曰必有耳。忠謂爲人謀而忠也。信謂與朋友言而信也。後世忠信字義不明。故詳之爾。

論語徵集覽卷之五　終

論語徵集覽卷之六

魏　何晏　集解
宋　朱熹　集註
大日本　藤維楨　古義
物茂卿　徵
從四位侍從源賴寬　輯

雍也第六

【新】凡二十八章篇內第十四章以前大意與前篇同

子曰雍也可使南面仲弓問子桑伯子子曰可也簡仲弓曰居敬而行簡以臨其民不亦可乎居簡而行

簡無乃大簡乎子曰雍之言然

古 包氏曰可使南面者言任諸侯治 王肅曰伯子書傳無見焉 孔安國曰以其能簡故曰可也 孔安國曰居身敬肅臨下寬略則可 包氏曰伯子之簡大簡

新 南面者人君聽治之位言仲弓寬洪簡重有人君之度也子桑伯子魯人胡氏以爲疑卽莊周所稱子桑戶者是也仲弓以夫子許己南面故問伯子如何可者僅可而有所未盡之辭簡者不煩之謂言自處以敬則中有主而自治嚴如是而行簡以臨民則事不煩而民不擾所以爲可若先自處以簡則中無主而自治疎矣而所行又簡豈不失之以大簡而無法度之可守乎家語記伯子不衣冠而處夫子譏其欲同人道於牛馬然則伯子蓋大簡者而仲弓疑夫子之過許與仲弓蓋未喻夫子可字之意而其所言之理有默契焉者故夫子然之〇程子曰子桑伯子之簡雖可取而未盡善故夫子云可也仲弓因言內主於敬而簡則爲要直內存乎簡而簡則爲疎略可謂得其旨矣又曰居

家語弟子行

敬則心中無物故所行自簡居簡則先有心於簡而多一簡字矣故曰大簡

古義 南面者臨民之稱言仲弓之德敬慎而不煩可以使爲人之君邑此門人以仲弓論伯子之言足見其可使南面之實故引以實夫子之言伯子未詳何人蓋有德而略於事者也可也者許之之辭簡約也簡則得要此夫子所以可之也臨民之道居之以敬則事立故民不慢行之以簡則得要故政易行所以爲可也若夫居之既簡而所行亦簡則上下交慢事無統紀豈不失之大簡乎故夫子以仲弓之言爲然也居人之上者衆之所倚賴故以敬事爲主執政之柄者亦易至叢脞故以易簡爲要故居敬而行簡則民有所效而政得其要夫子許之宜矣

徵 雍也可使南面包咸曰言任諸侯治家語以顏子爲王者相仲弓爲有土之君子包註蓋本諸朱註寬洪簡重有人君之度也本文止言可使南面

又家語同上

故朱子亦止謂有人君之度。而不取家語包註。然古所謂君者。皆諸侯之稱。儀禮諸書皆爾。仲弓德亞顏子。則家語包咸爲允。又家語曰。在貧如客。使其臣如借。不遷怒。不深怨。不錄舊罪。是冉雍之行也。朱註不取。而別創寬洪簡重四字。是睹下居敬行簡。而以己意言之。可謂無據。己在貧如客。使其臣如借。皆清高貴人之態。千載之下。可想其人。眞畫筆哉。不遷怒。不深怨。不錄舊罪。最足爲諸侯美德。然其材可爲諸侯。而不可爲大夫。故孔子以可使南面稱之。

書益稷

可也簡。孔安國曰。以其能簡。故曰可也。古註不失古義如此。此冐上章仲弓以爲伯子亦足使南面。孔子然之。故曰可也。而又曰。其所以可使南面者。以其能簡也。可也一句。簡一句。不爾。不成語。朱註。可者。僅可而有所未盡之辭。簡者。不煩之謂。而仲弓未喻夫子可字之意。是其意如謂夫子雖許之。尚慮其失於簡。故曰可也簡。是大失孔子之意。蓋萬世人君。亾論愚騃。其聰慧皆失於苛細。故書曰。元首叢脞哉。此孔子所以簡取伯子也。聖人不沒人善。其取人也不求備於一人。可以見已。且所謂

禮記雜記曰管仲遇盜取二人焉上以爲公臣曰其所與遊辟也可人也

僅可而有所未盡之辭。未知何據可也。即可使南面之可。有何差別。管仲曰。可人也。豈有僅可意哉。是無它。宋儒不知聖人取人不求備之義。忽見仲弓之問。亦疑夫子過許。故妄意穿鑿。欲就可字見聖人無過許之意耳。居敬而行簡。孔安國曰。居身敬肅。臨下寬略則可。古註可謂盡矣。程子曰。內主於敬而簡。則爲要直。內存乎簡而簡。則爲疎略。豈有簡而不要者乎。伯子之簡。見取於聖人。亦以不失要也。且居字主身。而程子曰內。內者心也。故又曰。居敬則心中無物。故所行自簡。居簡則先有心於簡而多一簡字。夫敬之本。本諸敬天。而程子求諸心。豈古學哉。敬固在心。然必有所敬而後有敬之名。不然而求諸心。吾恐亦多一敬字。且敬則心無邪慝可也。所謂心中無物。非達磨而何。且伯子之居簡。謂其持身之簡。乃其爲人然爾。豈先有心於簡乎。仁齋先生又以敬爲敬事。此其執拗不忍改其前言也。如居處恭。及齋明盛服。非禮不動。即所謂居敬也。豈得爲敬事乎。行簡雖事乎。亦屬諸身之詞。以臨其民。如聰明睿知以有臨之臨。皆以其身言之。非施於政事者矣。

居處恭子路篇
齋明盛服中庸

聰明睿知中庸

哀公問弟子孰爲好學孔子對曰有顏回者好學不遷怒不貳過不幸短命死矣今也則亡未聞好學者也

古 凡人任情喜怒違理顏回任道怒不過分遷者移也怒當其理不移易也不貳過者有不善未嘗復行

新 遷移也貳復也怒於甲者不移於乙過於前者不復於後顏子克己之功至於如此可謂眞好學矣短命者顏子三十二而卒也旣云今也則亡又言未聞好學者蓋深惜之又以見眞好學者之難得也○程子曰顏子之怒在物不在己故不遷有不善未嘗不知知之未嘗復行不貳過也又曰喜怒在事則理之當喜怒者也不在血氣則不遷若舜之誅四凶也可怒在彼己何與焉如鑑之照物妍媸在彼隨物應之而已何遷之有又曰如顏子地位豈有不善所謂不善只是微有差失纔差失

便能知之纔知之便更不萌作張子曰慊於己者不使萌於再或曰詩書六藝七十子非不習而通也而夫子獨稱顏子爲好學顏子之所好果何學歟程子曰學以至乎聖人之道也學之道奈何曰天地儲精得五行之秀者爲人其本也眞而静其未發也五性具焉曰仁義禮智信形既生矣外物觸其形而動於中矣其中動而七情出焉曰喜怒哀懼愛惡欲情既熾而益蕩其性鑿矣故覺者約其情使合於中正其心養其性而已然必先明諸心知所往然後力行以求至焉若顏子之非禮勿視聽言動不遷怒貳過者則其好之篤而學之得其道也然其未至於聖人者守之也非化之也假之以年則不日而化矣今人乃謂聖本生知非學可至而所以爲學者不過記誦文辭之間其亦異乎顏子之學矣

古義 遷移也言其心寬平故當怒而怒亦不移於他也貳字書訓副訓重皆爲益物之義其智明睿故一改之則不復行也此足見顏子好學之篤也短命者顏子三十二而卒既言今也則亡而又言

未聞他有眞好學者，重惜之也。此言門弟子中唯顏子爲能好學而舉其行事以實之也。可見其專以德行爲學，而與他人用力於文學者自異也。然是在顏子則爲細事，其心三月不違仁，則不遷怒不足云，得一善拳拳服膺，則不貳過亦不足論。夫子爲對哀公，故略舉其微善而告之，本非顏子之極致也。論曰：程子曰，顏子之怒在物而不在己，故不遷。又曰，若舜之誅四凶，怒在四凶，舜何與焉。蓋因是人有可怒之事，怒之，聖人之心本無怒也。其說流于虛無，而非所以論聖人之心也。夫喜怒者，人心之用也，雖聖人亦無以異於人也。唯衆人之喜怒誘於一己之私而作，聖人之喜怒乃由仁義而發，非在己在物之謂也。四凶之在朝，妨賢蠹民，常人尚怒，聖人殊甚，故雖誅之，猶當有餘怒，此其所以爲聖人也。蓋其愛人也深，故其惡之也亦益甚，豈可謂在物而不在己乎哉。且喜之遷與怒之遷等耳，夫子何以偏曰不遷怒耶？蓋怒者逆德而易遷，而顏子不然，夫子之所以稱之也。可見正心之說非聖人之意，而聖人之教專以仁爲宗也。

易下繫辭

子曰公冶長篇

徵不遷怒何晏曰怒當其理不移易也非矣朱註盡之不貳過貳重也如貳膳之貳過而不改又從而文之是謂重過何晏引易大傳有不善未嘗不知知之未嘗復行朱註因之而貳訓復失字義不可從矣不重過如淺易大傳如深故後儒務欲深之然大傳所言亦不重過之事初非二矣子曰已矣乎吾未見能見其過而內自訟者也豈易事哉且過也者聖人猶有之故君子不貴無過而改之爲貴焉哀公以好學問而孔子對以此者學以成德成德之至和順積中故不遷怒清明在躬故不

家語已見

貳過不遷怒者居仁也不貳過者遷義也居仁遷義日新不已孔子所以稱之也此曰今也則亾而家語稱不遷怒不深怨不錄舊罪者冉雍之行也是兼伯夷顏淵之行亦可以見仲弓後來進德之盛鄰於顏子矣祇不貳過一事仲弓終身不能而顏子既先能之孔子所以重惜之也程子曰顏子之怒在物不在己又曰若舜之誅四凶也可怒在彼己何與焉殊不知聖人善用其怒不可謂無怒焉顏子善懲怒不可謂不在己焉仁齋先生譏之是矣然其言曰四凶之在朝妨賢蠧民常人尚怒

子曰泰伯篇

豈弟君子見詩泂酌卷阿諸篇

子於是日述而篇

聖人殊甚。故雖誅之，猶當有餘怒，此其所以爲聖人也。蓋其愛人也深，故其惡之也亦益甚。果其言之是邪，舜不及顏子遠甚，孔子何以稱不遷怒。且子曰：人而不仁，疾之已甚，亂也。此舜亦亂而已。亦盍稽諸經？大象曰：山下有澤，損，君子以懲忿窒慾。人之情，喜怒哀樂愛惡欲，雖皆爲心之用，而不可均視並用焉。詩曰：豈弟君子。中庸曰：寬柔以教，不報無道。故君子者，慈愛樂易是其常，而唯怒爲君子之所重戒也。常人亦爾，雖聖人亦爾。不求諸經而斷諸理，程朱仁齋皆失之矣。子於是日哭則不

鑑空衡平大全黃勉齋說程子義

三月不違仁本篇

歌此聖人有餘哀也有餘哀而無餘怒則七情之不可均視也程子槩言約其情者流於老佛也世人或謂事當怒則怒殊不知聖人君子於事之當怒者猶且不怒也何也怒之當懲而君子樂易其常也故顏子不遷怒不以和順積中爲說而以鑑空衡平約情合中爲說者皆不知道者之言也仁齋先生又曰是在顏子則爲細事其心三月不違仁則不遷怒不足云得一善拳拳服膺則不貳過不足論夫子爲對哀公故略擧其微善而告之本非顏子之極致也殊不知三月不違仁乃非顏子

之事。而拳拳服膺者。學問中語也。豈哀公所與知乎。故止以此告之耳。然不遷怒。不貳過。豈得爲微善。渠爲宋儒盛拈。故特爲此執拗之言夫。

子華使於齊冉子爲其母請粟子曰與之釜請益曰與之庾冉子與之粟五秉子曰赤之適齊也乘肥馬衣輕裘吾聞之也君子周急不繼富原思爲之宰與之粟九百辭子曰毋以與爾鄰里鄉黨乎

古 馬融曰子華弟子公西華赤之字六斗四升曰釜」包氏曰十六斗曰庾」馬融曰十六斛曰秉五秉合爲八十斛」鄭玄曰非冉有與之太多」包氏曰弟子原憲思字也孔子爲魯司寇以原憲爲家邑宰」孔安國曰九百九百斗辭辭讓不受」孔安國曰祿法所得當受無讓」鄭玄曰五家爲鄰五鄰爲里萬

二千五百家爲鄉五百家爲黨

新 子華公西赤也使爲孔子使也釜六斗四升庾十六斗秉十六斛乘肥馬衣輕裘言其富也急窮迫也周者補不足繼者續有餘原思孔子弟子名憲孔子爲魯司寇時以思爲宰粟宰之祿也九百不言其量不可考毋禁止辭五家爲鄰二十五家爲里萬二千五百家爲鄉五百家爲黨言常祿不當辭有餘自可推之以周貧乏蓋鄰里鄉黨有相周之義◎程子曰夫子之使子華子華之爲夫子使義也而冉有乃爲之請聖人寬容不欲直拒人故與之少所以示不當與也請益而與之亦少所以示不當益也求未達而自與之多則已過矣故夫子非之蓋赤苟至乏則夫子必自周之不待請矣原思爲宰則有常祿思辭其多故又教以分諸鄰里之貧者蓋亦莫非義也張子曰於斯二者可見聖人之用財矣

古義 子華公西赤也使爲孔子使也釜六斗四升十六斗曰庾十庾曰秉肥馬輕裘言其富也急窮

追也周者補不足繼者續有餘原思孔子弟子名憲孔子爲魯司寇時以思爲宰九百不言其量或曰九百斗毋禁止辭五家爲鄰二十五家爲里萬二千五百家爲鄉五百家爲黨言常祿不當辭有餘自可推之以周濟鄰里鄉黨貧乏者也此門人併記二子之事以見聖人之妙用雖一取予閒自有道存也夫子華家富而爲夫子使固其分也冉子不達其義乃私與之粟故夫子告之以君子有周急之道而無繼富之義至於原思辭宰祿又告之以常祿不可辭有餘則可以與鄰里鄉黨蓋請者而不與辭者而與之其一與一否皆靡非道也聖人之於物有時措之宜而無一定之法於是而可見矣

徵 子華非工作度日之人矣雖出使而母豈乏粟邪出使它邦所費必多冉求請粟實爲子華足所費而以母爲辭也正義曰六斗四升曰釜者昭三

年左傳晏子曰齊舊四量豆區釜鍾四升爲豆各自其四以登于釜杜註云四豆爲區區十六升四區爲釜釜六斗四升是也案聘禮記云十斗曰斛十六斗曰籔十籔曰秉鄭註云秉十六斛今江淮之間量名有爲籔者今文籔爲逾是庾逾籔其數同今按嘉量方徑一尺深一尺容一釜周一尺爲今七寸一分九釐六毫三絲夏商周尺皆同今尺則唐尺後世以三代異尺唐則商尺者非矣余别有考以今求周自相乘得五一七八六七三三六九又以深乘之得三七二六七二八七一六五三

三四七是爲一釜之積六十四歸之得五八二三零一三六一九五八三不盡是一升之積也今日本之升方四寸九分自乘得二四零一以深二寸七分乘之得六四八二七以 日本之升除周升爲八勺九撮八二三八九四六六七不盡則釜爲五升七合五勺弱庾爲一斗四升三合七勺微强冉子以爲少也可知矣五秉爲七石一斗八升五合九勺有奇乃五馬所馱爲近於人情矣九百孔安國以爲九百斗爲 日本之八石零八升通一歲爲九十七石蓋中士之祿也繼者繼絶也富

予欲無言陽貨篇
不憤不啓述而篇下同
賢者識其大者子張篇
大德不踰閑同
不假蓋家語致思篇

而曰繼反言以形其非也。毋字句絕、古註以來皆然。稽諸書。大禹謨曰。帝曰。毋。惟汝諧。是其例也。此章之義。自今人觀之。孔子師也。冉子門人也。孔子何故不直斥其非也。蓋學之道。使人自喩。而不必一一明言。一也。故曰予欲無言。曰不憤不啓不悱不發。曰默、而識之。學之道主其大者。而小者不必拘。二也。故曰。賢者識其大者。不賢者識其小者。曰大德不踰閑。小德出入可也。君子不欲傷人之意。三也。故孔子行遇雨。不假蓋於子夏氏。後世諸儒不識是意。且冉子與粟五秉。由今人觀之。孔子爲魯司寇。而其門人猶不用其命。豈有是事乎。然論語所載。豈妄哉。大氐商鞅以後。天下皆法家。程朱以後。天下皆理學。豈足知君子愷悌之德哉。

子謂仲弓曰。犂牛之子騂且角。雖欲勿用。山川其舍諸。

【古】犂雜文。騂赤也。角者角周正中犧牲。雖欲以其所生犂而不用。山川寧肯舍之乎。言父雖不善不害於子之美。

【新】犂雜文。騂赤色。周人尚赤。牲用騂。角角周正中犧牲也。用用以祭也。山川山川之神也。言人雖不用神必不舍也。仲弓父賤而行惡。故夫子以此譬之。言父之惡不能廢其子之善。如仲弓之賢自當見用於世也。然此論仲弓云爾。非與仲弓言也。○范氏曰。以瞽叟爲父而有舜。以鯀爲父而有禹。古

左傳僖十九年宋公使邾文公用鄫子于次雎之社

之聖賢不繫於世類尚矣子能改父之過變惡以爲美則可謂孝矣

【古義】犂雜文騂赤色周人尚赤牲用騂角角周正中犧牲也朱氏曰用用以祭也山川山川之神也言人雖不用然神必不舍也仲弓父賤而行惡故夫子以此譬之言不可以父之惡廢其子之善如仲弓之賢自當見用於世也此夫子論仲弓之賢而言父之惡無害於其子之賢也范氏曰以瞽叟爲父而有舜以鯀爲父而有禹古之聖賢不係於世類尚矣子能改父之過變惡以爲美則可謂孝矣○夫子嘗見互鄉之童又取犂牛之子不以其俗之惡而捨其人之材不以其父之醜而棄其子之美實天地之心也門人記此以見夫子取人之無方也

【徵】犂牛章舊註盡之矣但左傳宋公用鄫子於社是古曰用者謂以爲牲也山川不舍者譬天不舍也朱註自當見用於世也夫子之意乃謂天也雖

欲勿用者。人也。故知天不舍也。

子曰回也其心三月不違仁其餘則日月至焉而已矣

【古】餘人暫有至仁時唯回移時而不變

【新】三月言其久仁者心之德心不違仁者無私欲而有其德也日月至焉者或日一至焉或月一至焉能造其域而不能久也○程子曰三月天道小變之節言其久也過此則聖人矣不違仁只是無纖毫私欲少有私欲便是不仁尹氏曰此顏子於聖人未達一間者也若聖人則渾然無間斷矣張子曰始學之要當知三月不違與日月至焉內外賓主之辨使心意勉勉循循而不能已過此幾非在我者

【古義】三月言其久也其餘蓋指文學政事之類而言猶其餘不足觀也已之意日月至者謂以日月

自至也此美顏子之心自能合於仁也言爲仁天下之至難也唯顏子之心能合於仁而至於三月之久亦自不違若其他文學政事之類彼雖不用力以日月自至焉而已矣豈不賢哉當時賢士大夫及門人弟子無許其仁者而獨美顏子如此大哉論曰人之於道也其猶規矩準繩乎故古之聖人使天下萬世之人由此而行之故曰以道修身又曰以仁存心以禮存心其資之美者心與之不違如顏子其心三月不違仁是也及其至也心與之一而不二如夫子從心所欲不踰矩是也世衰道微人安於暴棄不肯由焉而行之故孟子引而近之曰仁者人心也蓋明其本之在我而不假外求也及至後世求道過高乃謂心之於仁也猶明鏡之有光也苟如其說則有明暗之可言而無離合之可驗夫子之稱顏子何以不曰其心三月不昧而稱三月不違仁耶蓋嘗譬之心猶薪也仁猶火也薪得火而成其用火因薪而見其德然薪有能燃者有濕而難燃者而天下之薪無有不燃者此其性之雖有不同而其皆可以爲善則一也孟子之言性善是也故顏子三月不違仁燥而易燃

依於仁　述而篇

知至　大學

者也世之頑冥不仁者濕而難燃者也由是辨之則仁也心也性也其别分明不待辨矣

徵不違仁者依於仁也依與違反故有依違之言仁一德也先王之道所爲德者衆焉仁何以盡乎德然先王之道安民之道也安民之德謂之仁它德雖衆乎皆所以輔仁而成之也故孔子以依於仁教之謂其心苟能依於仁則其它衆德皆自然來集矣回也如賜也呼顔子告之也三月者假設而言其久也日月至焉而已者謂日日而至月月而至也至云者如知至之至也何註以此章爲顔子之事以其餘爲餘人泥三月而不知假設而言

子夏道戰之說　韓非子
莊子太宗師
我欲仁述而篇

其久也。朱註因此。語意殊不倫。仁齋先生引其餘不足觀也而辨其誤。可謂特見。但猶以爲顏子之事。而不知孔子泛言依於仁之益。呼顏子以語之故曰其心。曰而已矣。皆未穩矣。且文學政事。豈容言至乎。且如孔子之意。則文學政事皆依於仁。豈容析而二之乎。張子內外賓主之辨。本於孟子。雜以子夏道戰之說。要之莊子所謂嗜欲深者天機淺。此其學所淵源已。設使嗜欲淨盡。苟不有仁德亦達磨已。且三月不違仁。是學之方。未可謂之仁人也。且仁豈有域乎。如我欲仁斯仁至矣。皆謂自

居仁孟子離婁篇 安宅公孫丑篇 仁人心告子篇

彼來至也。非我往至彼也。又按論語。唯此章以心言之。聖門唯仁爲心法。一言一動。一事一物。皆欲與先王安民之德相應。是所謂依於仁也。不違仁也。它如居仁。亦居心於仁也。故又曰安宅。又曰仁人心也。後儒不識此義。而曰仁者心之德。其不流於老佛者幾希。

季康子問仲由可使從政也與。子曰由也果。於從政乎何有。曰賜也可使從政也與。曰賜也達。於從政乎何有。曰求也可使從政也與。曰求也藝。於從政乎何有

疎通知遠禮記經解

【古】包氏曰果謂果敢決斷」孔安國曰達謂通於物理」孔安國曰藝謂多才藝

【新】從政謂爲大夫果有決斷達通事理藝多才能○程子曰季康子問三子之才可以從政乎夫子答以各有所長非惟三子人各有所長能取其長皆可用也

【古義】從政謂爲大夫果有決斷也」達謂穎悟通達」藝謂多才能」此言從政各有其才而不可以一節限也蓋果則能斷疑定事達則能理繁治劇藝則能隨機應變故皆可以從政○程子曰季康子問三子之才可以從政乎夫子答以各有所長非唯三子人各有所長取其長皆可用也

【徵】賜也達。孔安國曰。謂通於物理。朱子曰。通事理。蓋通於國體人情。莫有滯礙。如所謂疎通知遠書教也。是達已。若徒從事宋儒窮理之學。而以通事理見稱。授之以政。難矣夫。

季氏使閔子騫爲費宰閔子騫曰善爲我辭焉如有復我者則吾必在汶上矣

古孔安國曰費季氏邑季氏不臣而其邑宰數畔聞子騫賢故欲用之孔安國曰不欲爲季氏宰託使者善爲我辭焉說令不復召我孔安國曰復我者重來召我孔安國曰去之汶水上欲北如齊

新閔子騫孔子弟子名損費季氏邑汶水名在齊南魯北境上閔子不欲臣季氏令使者善爲己辭言若再來召我則當去之齊○程子曰仲尼之門能不仕大夫之家者閔子曾子數人而已謝氏曰學者能少知內外之分皆可以樂道而忘人之勢況閔子得聖人爲之依歸彼其視季氏不義之富貴不啻犬彘又從而臣之豈其心哉在聖人則有不然者蓋居亂邦見惡人在聖人則可自聖人以下剛則必取禍柔則必取辱閔子豈不能早見而豫待之乎如由也不得其死求也爲季氏附益夫豈其本心哉蓋既無先見之知又無克亂之才故也然則閔子其賢乎

古義 閔子騫孔子弟子名損費季氏邑名以其邑數畔難治故欲得閔子而用之汶水名在齊南魯北境上閔子自知不能化季氏之惡故對使者使其委曲開陳而寢其召言若再來召我則當去之齊人溫柔則少斷剛毅則不寬古今之通患也而閔子之爲人也柔順淵默與物無忤疑乎無剛果決烈之氣然觀其答使者之辭詞確意直毅然不可犯非仁熟義精有勇且直者則不能孔門之諸子愕然以爲不可跂及乃記此以爲學者之標準

論曰先儒謂仲尼之門能不仕大夫之家者閔子曾子數人而已非也蓋君臣之義人之大倫而貴賤之別位之定分也故當論其義不義如何而不可槩以仕大夫爲非也孔子曾仕季桓子孔門諸子亦仕大夫之門者有之矣豈可皆以爲非耶唯世有自抱道德不爲濁世所汙巇之士若閔子騫是也此所以可尚也蓋出于數子一等而未至聖人無可無不可耳故曰道並行而不相悖大德敦化小德川流若夫卑出崇處貴隱賤顯高蹈遠引無志於斯世者亦閔子之罪人也

徵程子曰仲尼之門能不仕大夫之家者閔子曾子數人而已仁齋先生乃曰不可槩以仕大夫之家爲非也然味程子之言豈必以此爲非乎盖仕諸侯者有志於一國之治者也仕大夫者否矣其志瑣瑣焉者也程子乃與其大者已

伯牛有疾子問之自牖執其手曰亾之命矣夫斯人也而有斯疾也斯人也而有斯疾也

古馬融曰伯牛弟子冉耕」包氏曰牛有惡疾不欲見人故孔子從牖執其手也」孔安國曰亾喪也疾甚故持其手曰喪之」包氏曰再言之者痛惜之甚

新伯牛孔子弟子姓冉名耕有疾先儒以爲癩也牖南牖也禮病者居北牖下君視之則遷於南牖

下使君得以南面視己時伯牛家以此禮尊孔子孔子不敢當故不入其室而自牖執其手蓋與之永訣也命謂天命言此人不應有此疾而今乃有之是乃天之所命也然則非其不能謹疾而有以致之亦可見矣○侯氏曰伯牛以德行稱亞於顏閔故其將死也孔子尤痛惜之

古義 伯牛孔子弟子姓冉名耕有疾者有惡疾也牖南牖也朱氏曰禮病者居北牖下君視之則遷於南牖下使君得以南面視己時伯牛家以此禮尊孔子孔子不敢當故不入其室而自牖執其手蓋與之永訣也此孔子惜伯牛之死而言伯牛之賢不應有此疾而今乃有之是非其不能謹疾而有以致之實天之所命而雖賢者亦所不免也則知彼不盡其道而死者皆不可言命也

徵 自牖執其手。包咸曰。牛有惡疾。不欲見人。故孔子從牖執其手也。理或然矣。然不如朱子以禮斷之極確也。亾之。人多以亾爲死之義。非也。死與亾異始死曰死既葬曰亡伯牛未死安得遽謂之亡也且伯牛未死孔子豈容言其當死乎古註孔曰亡喪也疾甚故持其手曰喪之按亡喪也三字孔安國之言也疾甚以下何晏不識孔意妄以己意解之耳蓋亡訓喪如亡人之亡也非死喪之義矣冉子有惡疾不可復用於世如失之然故孔子云爾朱註永訣亦失之乃親之也

子曰賢哉回也一簞食一瓢飲在陋巷人不堪其憂回也不改其樂賢哉回也

古 孔安國曰簞笥也孔安國曰顏淵樂道雖簞食在陋巷不改其所樂

新 簞竹器食飯也瓢瓠也顏子之貧如此而處之泰然不以害其樂故夫子再言賢哉回也以深歎美之〇程子曰顏子之樂非樂簞瓢陋巷也不以貧窶累其心而改其所樂也故夫子稱其賢又曰簞瓢陋巷非可樂蓋自有其樂爾其字當玩味自有深意又曰昔受學於周茂叔每令尋仲尼顏子樂處所樂何事愚按程子之言引而不發蓋欲學者深思而自得之今亦不敢妄爲之說學者但當從事於博文約禮之誨以至於欲罷不能而竭其才則庶乎有以得之矣

古義 簞笥瓢瓠一簞食一瓢飲言其至貧也顏子居不堪憂之地而能處之泰然不改其樂故夫子再言賢哉回也以深嘆美之〇顏子不以貧窶爲憂而能不改其樂故夫子稱其賢也夫顏子之樂固雖不可以言語形容然外理義而豈別有所謂樂者乎蓋得於理則天下無可憂之事得於義則天下無可慕之物苟其如此則祿之以天下而弗顧繫馬千駟而弗視亦何貧窶之足憂先儒苦其難於形容者亦求之高遠而不知求之實德故也

賜不受命先進篇
伊尹樂堯舜之道孟子萬章篇
樂以忘憂述而篇
淵明歸去來辭

【徵】顏子不以貧窶累其心。信天命之篤也。它日孔子與賜不受命對言。可以見已所謂其樂者。正如伊尹耕有莘之野。樂堯舜之道。孔子亦曰。發憤忘食。樂以忘憂。不知老之將至云爾。可見顏子教學爲事。以忘其憂。淵明樂琴書以消憂。亦不其相遠矣。祇其德相萬。樂亦相萬。要之皆樂先王之道也。宋儒所見如達磨。不欲著一物。故以樂道爲非是已。程子曰。其字當玩味。妄哉。不改其樂。與不堪其憂相對。憂者憂貧。豈可拘其字。則不改其樂亦要在不改二字耳。

冉求曰非不說子之道力不足也子曰力不足者中道而廢今汝畫

古 孔安國曰畫止也力不足者當中道而廢今女自止耳非力極

新 力不足者欲進而不能畫者能進而不欲謂之畫者如畫地以自限也○胡氏曰夫子稱顏回不改其樂冉求聞之故有是言然使求說夫子之道誠如口之說芻豢則必將盡力以求之何患力之不足哉畫而不進則日退而已矣此冉求之所以局於藝

古義 朱氏曰力不足者欲進而不能畫者能進而不欲謂之畫者如畫地以自限也氣質甚弱者雖黽勉爲之或至於半塗而廢是誠力不足者也若冉求者未必盡力向前只自限畫而不進而已何所成其材哉論曰聖人之道中庸而已矣高一分不得卑一分不得猶手持足行目視口食須臾離爲則不能樂古人悅道不啻如口之於芻豢益以此也冉求之意徒見其高而不知初未嘗高徒見

其難而不知本無甚難空乎其有止心也公孫丑曰道則高矣美矣不可幾及亦冉求之見也

徵 中道而廢者雖廢亦在道之中也廢謂廢業也在道之中謂之中道猶如中流中林古言爲爾孔子語意言古之力不足者中道而廢今汝以力不足自稱是如畫地而不進矣觀於今字則稱古者審矣表記曰鄉道而行中道而廢忘身之老也不知年數之不足也俛焉日有孳孳斃而後已蓋人之力有強弱故聖人不欲強之或作或輟皆從其力所能然後優游乎先王之道以底其成爲古之道爲爾孔子所以稱之舊註以半途解中道其義

可通而大失古言。學者察諸。仁齋先生曰。冉求徒見道之高遠。而不知中庸之道。故有止心。是以中道爲半途。遂以中庸篇之言同觀。爾果使其言之是乎。則孔子何不說中庸之道。使冉求無止心。廼孔子不及仁齋也。拘儒肆口。一至於斯。夫且聞有中庸之德也。未聞有中庸之道也。適見其不知道已。

子謂子夏曰。女爲君子儒。毋爲小人儒

古 孔安國曰。君子爲儒將以明道。小人爲儒則矜其名。

新 儒學者之稱。程子曰。君子儒爲己。小人儒爲人。謝氏曰。君子小人之分。義與利之間而已。然所

周禮太宰職以九兩繫邦國之民四曰儒以道得民司徒職以本俗六安萬民四曰聯師儒

荀子說見儒效篇

謂利者豈必殖貨財之謂以私滅公適己自便凡可以害天理者皆利也子夏文學雖有餘然意其遠者大者或昧焉故夫子語之以此

古義 君子小人以位言君子之儒以天下爲己任而有志于濟物者也小人之儒纔取足善其身而己不能及物也子夏雖文學有餘然規模狹小故夫子恐其或爲小人之儒故語之以此後世記誦詞章之學蓋亦小人之儒焉耳

徵 儒字見周禮。迺有文學者之稱。子夏長於文學。孔子欲其所學施諸君子之事。而不欲施於小人之事也。君子之事者。謂出謀發慮使其國治民安也。小人之事者。謂徒務籩豆之末以供有司之役也。戰國時百家並起。儒墨爭衡。而後荀子始以堯舜禹湯文武爲大儒。古所無也。孔安國明道矜名。

程子爲人爲己。謝氏義利之分。皆後世之說也。

子游爲武城宰子曰女得人焉耳乎曰有澹臺滅明者行不由徑非公事未嘗至於偃之室也

【古】包氏曰武城魯下邑孔安國曰焉耳乎皆辭包氏曰澹臺姓滅明名字子羽言其公且方

【新】武城魯下邑澹臺姓滅明名字子羽徑路之小而捷者公事如飲射讀法之類不由徑則動必以正而無見小欲速之意可知非公事不見邑宰則其有以自守而無枉己徇人之私可見矣○楊氏曰爲政以人才爲先故孔子以得人爲問如滅明者觀其二事之小而其正大之情可見矣後世有不由徑者人必以爲迂不至其室人必以爲簡非孔氏之徒其孰能知而取之愚謂持身以滅明爲法則無苟賤之羞取人以子游爲法則無邪媚之惑

古義 武城，魯下邑。澹臺姓，滅明名，字子羽，武城人。徑，路之小而捷者。公事，如飲射讀法之類。行不由徑，不事智巧也。非公事不見邑宰，有所自守也。揚氏曰：為政以人才為先，故孔子以得人為問。如滅明者，觀其二事之小，而其正大之情可見矣。後世有不由徑者，人必以為迂；不至其室，人必以為簡。非孔子之徒，其孰能知而取之。

徵 無說。

子曰：孟之反不伐，奔而殿，將入門，策其馬，曰：非敢後也，馬不進也。

古 孔安國曰：魯大夫孟之側，與齊戰，軍大敗。不伐者，不自伐其功。馬融曰：殿在軍後，前曰啓，後曰殿。孟之反賢而有勇，軍大奔，獨在後為殿，人迎功之，不欲獨有其名，曰我非敢在後距敵，馬不能前進。

新 孟之反，魯大夫，名側。胡氏曰：反即莊周所稱孟子反者是也。伐，誇功也。奔，敗走也。軍後曰殿。策，鞭也戰敗而還以後爲功反奔而殿故以此言自揜其功也事在哀公十一年○謝氏曰人能操無欲上人之心則人欲日消天理日明而凡可以矜己誇人者皆無足道矣然不知學者欲上人之心無時而忘也若孟之反可以爲法矣

古義 孟之反魯大夫名側伐誇功也奔敗走也軍後曰殿戰敗而還以後爲功策鞭也之反馬羸而不進故自爲殿耳按春秋傳齊師伐魯魯右師奔孟之側後入以爲殿抽矢策其馬曰馬不進也盖恐人以爲功故自暴其實也奔而殿人之所美也若人稱之則謙默不言乃可矣之反爲人惡伐其功故恐人以功歸於己先自暴其實益見其出於天性也若使之反實自爲殿而又自揜其功則是僞焉耳非直道也聖人必不取焉

徵 孟之反不伐○仁齋先生曰○自暴其實○若使之反實自爲殿○而又自揜其功○則是僞焉耳○非直道也○

仁齋之意已見高中玄說

聖人必不取焉。殊不知不伐者美德。故聖人稱焉。孔子明曰孟之反不伐。不伐云者。有功而不伐也。大禹謨曰。汝惟不伐。天下莫與汝爭功。是禹以不伐見稱。豈得無功乎。仁齋務欲出奇而不知其於一章之中自相矛盾也。

子曰不有祝鮀之佞而有宋朝之美難乎免於今之世矣

古 孔安國曰佞口才也祝鮀衛大夫子魚也時世貴之宋朝宋之美人而善淫言當如祝鮀之佞而反如宋朝之美難乎免於今之世害也

新 祝宗廟之官鮀衛大夫字子魚有口才朝宋公子有美色言衰世好諛悅色非此難免蓋傷之也

孔子言憲問篇

古義 祝宗廟之官鮀衛大夫字子魚有口才朝宋公之子有美色此夫子傷時俗之甚衰而不如古之尚德也言衰世好諛悅色非此難免其害蓋時俗之衰雖小其係天下之盛衰大矣況衰之不小者乎故聖人深嘆之

徵 不有祝鮀之佞。而有宋朝之美。孔安國曰當如祝鮀之佞。而反如宋朝之美。朱註以一不管二有。於辭不順。不可從矣。其所以不從孔註者。嫌於貴佞也。殊不知孔子言衛靈公所以無道而不喪之故而取祝鮀。可見朱註之非也。蓋佞古稱口才。未有姦惡之意。觀於雍也仁而不佞。可見已。聖人所以惡之者。以行之不逮也。後世藉聖人惡之。遂以稱姦人謂之佞。是後世佞字與孔子時異。而宋儒輩不自覺也。孔門四科。稱言語宰我子貢。其所尊信孟子好辨。豈非佞人歟。詳按此章之意。祝鮀宋朝。皆衛大夫。是必孔子論衛靈公次及它國之事。其臣無祝鮀之才。而唯有宋朝之美。故孔子論其不免於患難耳。門人所以錄之者。以孔子平日惡佞。而有時乎有是言。故以見聖人道大不沒人才。其論大非如曲士拘儒之類耳。按美亦主容觀之美。不必主色也。

子曰誰能出不由戶何莫由斯道也

上古穴居四句據易繫辭

古 孔安國曰言人立身成功當由道譬由出入要當從戶

新 言人不能出不由戶何故乃不由此道耶怪而歎之之辭○洪氏曰人知出必由戶而不知行必由道非道遠人人自遠爾

古義 朱氏曰言人不能出不由戶何故乃不由此道耶怪而歎之之辭」道猶大路然由焉則安不由則危遵康莊之平則自忘其勞蹈荊棘之艱則不堪其苦苟知道如大路則孰有肯去其安而就其危者哉故學以知為先而以行為要

徵 上古穴居而野處後世聖人易之以宮室上棟下宇以待風雨於是乎有戶是戶聖人所作也道亦聖人所立也於戶則由之謂為自然矣於道則不由之謂非自然矣雖然道之不可不由其猶戶

乎。

子曰質勝文則野文勝質則史文質彬彬然後君子

【古】包氏曰野如野人言鄙略也」包氏曰史者文多而質少」包氏曰彬彬文質相半之貌

【新】野野人言鄙略也史掌文書多聞習事而誠或不足也彬彬猶班班物相雜而適均之貌言學者當損有餘補不足至於成德則不期然而然矣○楊氏曰文質不可以相勝然質之勝文猶之甘可以受和白可以受采也文勝而至於滅質則其本亡矣雖有文將安施乎然則與其史也寧野

【古義】野野人言鄙畧也史史官言文多質少也彬彬文質適均之貌」此言質之勝文猶文之勝質其爲病也均矣故非文質彬彬則不足以爲君子也益文質偏勝本出於氣質使然而不免有野與史之病明學問之熟而後能至於彬彬若徒任氣質則必不能無病也

【徵】文勝質則史。包咸曰。史者文多而質少。朱註。史

先進先進篇
儉戚八佾篇

掌文書多聞習事而誠或不足也愚謂文謂禮樂史掌文書故朝廷制度朝會聘問儀節莫不通曉而德行不必皆有也楊氏曰與其史也寧野此睹先進後進儉戚之言而爲是言者也殊不知儉戚就行禮上言之先進後進及此章以人言之而此文質彬彬卽先進野人也大氐君子之所以爲君子者以文苟無文何足以爲君子乎後世道學先生多扭老莊之說析精粗而二之遂謂質本也文末也道德本也禮樂末也殊不知道無內外焉無精粗焉有德行而禮樂不足卽此章野人也豈不

加我數年述而篇史記孔子世家

陋乎彬彬說文作份份按加我數年五十以學易可以無大過史記引之可以無大過作彬彬也蓋彬彬乃無過之義大過過也小過不及也故無大過即無過也文質彬彬蓋文質不相過之義故曰文質適稱貌

子曰人之生也直罔之生也幸而免

古 馬融曰言人所生於世而自終者以其正直也包氏曰誣罔正直之道而亦生者是幸而免

新 程子曰生理本直罔不直也而亦生者幸而免爾

古義 生謂人之生在於世也罔者謂誣罔直道也言人而邪枉不可以一日生於天地之間也此章即斯民也三代之所以直道而行也之意言人之生在乎斯世雖若姦詐巧偽靡所不至然人心甚

直善以爲善惡以爲惡君子以爲君子小人以爲小人莫非直道也其誣枉直道蔑棄人理者宜其陷于刑戮懼于咎殃而不得生存于斯世也而亦得不死者是幸而獲免耳非當然也

徵 馬融曰言人所生於世而自終者以其正直也程子因之曰生理本直是自理學之見安睹所謂生理者乎若謂人之性直非直何以存於天地之閒乎猶之可矣雖然何以能睹其理也凡言理如此者皆臆度耳罔之生也幸而免包咸曰誣罔正直之道而亦生者是幸而免是解罔爲誣罔正直之道可謂不善解已程子曰罔不直也是其意謂罔誣罔也罔之生謂罔人者之生也不直之事不

直在其中 子路篇

止一端皆欲誣罔人也。故罔訓不直。措辭之不善也。韓愈筆解直德字之誤。古書德作悳。爲是。言人皆有其德。中庸所謂夫婦之愚可與知可能行者是也。是其所以生存乎天地之間也。罔無也。言無德也。於辭爲協。何則。直不可謂無矣。德可謂無矣。聞不直也。未聞無直也。故直字是。則罔不可訓無也。止可以誣罔解也。罔字以誣罔解。則罔之生也不成言矣。故韓愈爲是。且孔子曰。直在其中矣。謂直之不可執也。且德者性之德。德則有誠。誠者謂內外一也。後儒所謂直者。皆指誠言之。後儒所謂免而無恥為政篇。免於今之世本篇。知免夫泰伯篇。

誠者皆指大至誠言之。皆由古言不明。而其意雖美乎。未免郢書而燕說耳。且專尚直。豈孔子之意哉。學者察諸。免如免而無恥。免於今之世。知免夫之免。謂免於刑戮也。

子曰知之者不如好之者好之者不如樂之者

【古】包氏曰學問知之者不如好之者篤好之者不如樂之者深

【新】尹氏曰知之者知有此道也好之者好而未得也樂之者有所得而樂之也○張敬夫曰譬之五穀知者知其可食者也好者食而嗜之者也樂者嗜之而飽者也知而不能好則是知之未至也好之而未及於樂則是好之未至也此古之學者所以自強而不息者與

【古義】知之者知此道之不可不由也好之者好之之至天下之物無以加之也樂之者心安於道而

無入而不自得也知之者義理明白議論可聞人皆尚之然不如好之者之終身不衰愈進愈熟也好之者雖人皆信之然不如樂之者之與道爲一而無跡可尋之爲至也夫道一也唯有所行之生熟深淺耳夫子言之者欲其自生至熟自淺至深也

徵知之好之樂之○尹氏張敬夫盡矣○

子曰中人以上可以語上也中人以下不可以語上也

古王肅曰上謂上知之所知也兩舉中人以其可上可下

新語告也言教人者當隨其高下而告語之則其言易入而無躐等之弊也○張敬夫曰聖人之道精粗雖無二致但其施教則必因其材而篤焉蓋中人以下之質驟而語之太高非惟不能以入且將妄意躐等而有不切於身之弊亦終於下而已矣故就其所及而語之是乃所以使之切問近思

而漸進於高遠也

古義 語告也言告人各因其材聖賢事業非中人以下之所能當也唯當以孝弟忠信威儀禮節告之耳此專爲教人者而發人之才質自有高下各隨其量而告語之則言者既不失言而聽者亦有所得若夫子答顏冉之問顏冉便對曰請事斯語是也若夫中人以下之質遽以聖賢事業告之則必有泛然不切之患而無益於其身也故君子之教也有勸而無抑有導而無強各隨其材而導之亦非謂中人以下者則必不語上也

徵 王肅曰。上謂上知之所知也。兩舉中人以其可上可下。盡矣。道莫有上下。故今此所謂上。乃謂上智之所知也。後世此章之義不明。故理學興而欲窺聖人之心。又聒之一切。務欲開民知。賣聖人之道則不然。示諸行事。待其自喻。方其不喻。雖聒之何以能知乎。不自喻而得諸耳。均之不喻已。故聖人不強人以其知之所不及也。

樊遲問知子曰務民之義敬鬼神而遠之可謂知矣

問仁曰仁者先難而後獲可謂仁矣

古 王肅曰務所以化道民之義包氏曰敬鬼神而不黷孔安國曰先勞苦而後得功此所以爲仁

新 民亦人也獲謂得也專用力於人道之所宜而不惑於鬼神之不可知知者之事也先其事之所難而後其效之所得仁者之心也此必因樊遲之失而告之○程子曰人多信鬼神惑也而不信者又不能敬能敬能遠可謂知矣又曰先難克己也以所難爲先而不計所獲仁也呂氏曰當務爲急不求所難知力行所知不憚所難爲

藪當作擻古義行本恐誤

古義 敬者不侮慢之謂遠者不褻瀆之意專用力於人道之所當爲而不求媚於鬼神之不可知知之至也」獲得也急事之難爲而不責其報仁者之心也」務人之義知之至而得其實者也敬鬼神而遠之能用其知而不惑者也若夫棄日用當務之事而用力於擻茫不可知之地者豈可謂知哉先難而後獲則有爲人之實心而其德不可量也苟有求其報之心而爲之則雖天下之大勳勞亦非德也豈可謂仁哉夫子不泛論仁之德而必言仁者者蓋以仁之爲德難以空言喻故舉仁者之心而答之也凡言仁者諸章倣此

徵 務民之義。王肅曰。務所以化道民之義。得之。但化道二字未切耳。朱註。民亦人也。專用力於人道之所宜。是訓民爲人。訓義爲宜。昧乎古言而恣作訓解。從己所好。可謂亂道矣。禮與義。古聖人所建。

以禮制心以義制事書仲虺之誥
詩書義之府也左傳僖二十七年
顓頊命重黎見書呂刑及楚語

道之大端也。故此二者每對言。如以禮制心。以義制事。是也。禮在經典。義存詩書。故曰詩書義之府也。仁義禮智之説。興而或以爲德。或以爲性。孔子以前所無也。仁智德也。存乎人焉。禮義道也。作乎聖焉。民之義者。義有種種。此謂其施諸治民者也。訓民爲人。其謬起自大學親民而義訓宜。借以明其意者也。豈可直易以宜乎。可謂妄已。敬鬼神而遠之。包咸曰。敬鬼神而不黷。得之。蓋人卑而鬼神尊。故敬之。幽明隔。故遠之。顓頊命重黎絶地天通。謂不黷也。如祀父母之神。建廟安厝之。祭必齋。血

或謂指入全或人之問

幽明之故易繫辭

爲之難顏淵篇

先事後得顏淵篇

腥體薦。不以人所飲食。祭器殊。燕器類。所以遠之也。或謂鬼神之正者敬之。不正者遠之。殊不知凡經所謂鬼神。皆謂正者也。朱註不惑於鬼神之不可知。如亡害然。然宋儒所見。歸於無鬼神。凡言無鬼神者。不知聖人之道者也。此章之旨。明於天人之分。達於幽明之故。故孔子曰可謂知矣。先難而後獲。孔安國曰。先勞苦而後得功。得之。它日孔子曰。爲之難。故此謂爲仁而曰難。獲者得其報也。記曰。用其仁而去其欲。故欲獲其利而爲仁。非君子所貴矣。朱註。後其効之所得。此本於先事後得。然

所謂得者亦謂得報也朱子加以效字乃孟子勿助長勿正之説道學先生動曰功夫功夫一如道士錬丹故有此等之言豈孔門之舊乎學者察諸

子曰知者樂水仁者樂山知者動仁者靜知者樂仁者壽

古 包氏曰知者樂運其才知以治世如水流而不知已仁者樂如山之安固自然不動而萬物生焉包氏曰日進故動孔安國曰無欲故靜鄭玄曰知者自役得其志故樂包氏曰性靜者多壽考

新 樂喜好也知者達於事理而周流無滯有似於水故樂水仁者安於義理而厚重不遷有似於山故樂山動靜以體言樂壽以效言也動而不括故樂靜而有常故壽○程子曰非體仁知之深者不能如此形容之

孝經已見

古義 樂喜好也樂水樂山以其趣而言動靜以其才而言樂壽以其效而言這水之爲物周流無滯盈而能平哉智者樂之山之爲體安重不動萬物殖焉故仁者樂之可以見仁智之趣矣疏通不滯動之機也安固有常靜之體也可以知仁智之才矣無所迷若故樂無所戕害故壽可以驗仁智之效矣仲尼亟稱水曰水哉水哉詩曰高山仰止景行行止可以見樂水樂山之一端也然此徒以智者仁者之量而言若夫聖人之德仕止久速變化無窮動而能靜靜而能動兼仁智而一之不可以一德名之也至矣

徵 知者樂水。仁者樂山。此二句。非孔子時辭氣。蓋古言也。而孔子誦之。下四句。乃孔子釋之也。蓋孔子多誦古之法言。故孝經曰。非先王之法言不敢道也。古書不傳者多。而後儒昧乎文辭。槩以爲孔

易繫辭

子之言。非矣。樂山樂水。知者樂。皆音洛。朱註。上二字並五教反。古無此音。如牛山之樂。豈非音洛邪。仁知之於山水。與我心會。欣然以樂。故音洛爲是。水動山靜。樂如水之流。壽如山之不崩。豈非釋之之言邪。古註。知者樂運其才知以治世。如水流而不知已。仁者樂如山之安固。自然不動而萬物生焉。勝朱註萬萬。易大傳曰。知周乎萬物而道濟天下。故不過。旁行而不流。樂天知命。故不憂。安土敦乎仁。故能愛。與此章之義互相發焉。朱註達於事理。安於義理。呫呫於理。可醜之甚。

子曰齊一變至於魯魯一變至於道

古 包氏曰言齊魯有太公周公之餘化大公大賢周公聖人今其政教雖衰若有明君興之齊可使如魯魯可使如大道行之時

新 孔子之時齊俗急功利喜夸詐乃霸政之餘習魯則重禮教崇信義猶有先王之遺風焉但人亡政息不能無廢墜爾道則先王之道也言二國之政俗有美惡故其變而之道有難易○程子曰夫子之時齊强魯弱孰不以爲齊勝魯也然魯猶存周公之法制齊由桓公之霸爲從簡尚功之治大公之遺法變易盡矣故一變乃能至魯魯則脩舉廢墜而已一變則至於先王之道也愚謂二國之俗唯夫子爲能變之而不得試然因其言以考之則其施爲緩急之序亦畧可見矣

古義 一變謂其易也道則先王之道也此爲魯而發也夫子之時諸夏衰亂皆無可論唯齊由桓公之霸政治修明非諸夏之比故一變便能至於魯而魯發政施仁則便能至於道蓋言化之漸也論

曰強之勝弱人皆知之而禮樂之優於政刑則人未之知也當斯時齊強魯弱孰不以爲齊勝魯也哉然自聖人見之魯雖弱尚能守先王之法非齊之所能及也況強多暴而弱多德強者易折而弱者堪久齊至於簡公而田氏代之魯雖衰亂猶能保其國是其明效也惟仁能持強惟智能拯弱若仁以爲治智以御之田氏不能篡齊魯必爲政於天下也惜哉

徵 魯一變至於道。古註。魯可使如大道行之時。可謂明白。朱註至於先王之道。殊爲不通。

子曰觚不觚觚哉觚哉

古 馬融曰觚禮器一升曰爵二升曰觚觚哉觚哉言非觚也以喻爲政不得其道則不成

新 觚稜也或曰酒器或曰木簡皆器之有稜者也不觚者蓋當時失其制而不爲稜也觚哉觚哉言不得爲觚也○程子曰觚而失其形制則非觚也舉一器而天下之物莫不皆然故君而失其君之

道則爲不君臣而失其臣之職則爲虛位范氏曰人而不仁則非人國而不治則不國矣

【古義】觚稜也酒器之有稜者一升曰爵三升曰觚朱氏曰不觚者蓋當時失其制而不爲稜也觚哉觚哉言不得爲觚也洪氏慶善曰古者獻以爵而酬以觚此夫子因獻酬之際有所感也程子曰觚而失其形制則非觚也舉一器而天下之物莫不皆然故君而失其君之道則爲不君臣而失其臣之職則爲虛位愚謂由此言之凡學而不本德則非學行而不由仁則非行人而失所以爲人則非人可不慎哉

升菴文集四書類

【徵】觚非木簡。以觚爲簡。起于秦漢以後。升菴辨之是矣。祇升菴引破觚爲圓。而謂變其形制。恐非矣。蓋時俗湎于酒。而獻酬之禮不可廢焉。故大其觚以適其量。是觚之所以不觚也。蓋春秋之時。先王之禮尚存而凡百器物皆遵用古制觀於左傳諸書可以見已故不可遽易其制乃仍舊制而大之勢之所至也秦漢以後衣服器物皆無法制人任意爲之而新奇日出則何必用舊制與舊名乎儒者生於其世而不知三代時禮之囿世者若是其久也故謂變其形制豈不粗乎馬融曰觚禮器一升曰爵二升曰觚邢昺疏引韓詩說一升曰爵爵盡也足也二升曰觚觚寡也飲當寡少三升曰觶觶適也飲當自適也四升曰角角觸也不能自適觸罪過也五升曰散散訕也飲不自節爲人謗訕

總名曰爵其實曰觴觴者餉也觥亦五升所以罰不敬觥廓也所以著明之貌君子有過廓然著明非所以餉不得名觴今以日本之量求爵受八勺九觚受一合七勺八觶受二合六勺七角受三合六勺弱散與觥受四合五勺弱則古今人酒量亦不甚相遠矣聊附記

宰我問曰仁者雖告之曰井有仁焉其從之也子曰何爲其然也君子可逝也不可陷也可欺也不可罔也

古 孔安國曰宰我以仁者必濟人於患難故問有仁人墮井將自投下從而出之不乎欲極觀仁者

憂樂之所至」孔安國曰逝往也言君子可使往視之耳不肯自投從之」馬融曰可欺者可使往也不可罔者不可得誣罔令自投下

【新】劉聘君曰有仁之仁當作人令從之從謂隨之於井而救之也宰我信道不篤而憂爲仁之陷害故有此問逝謂使之往救陷謂陷之於井欺謂誑之以理之所有罔謂昧之以理之所無蓋身在井上乃可以救井中之人若從之於井則不復能救之矣此理甚明人所易曉仁者雖切於救人而不私其身然不應如此之愚也

【古義】朱氏曰有仁之仁當從人謂隨之於井而救之也逝謂使之往救陷謂陷之於井也罔猶羅網謂欺其不知也宰我意以爲仁者急於救人而不私其身故設爲問曰若人之陷于井中是事出於倉卒而不得不急應者也仁者不辨其有無先自投井而救之乎夫子告之以其必不然也仁者先自治其身而後救人先自明其道而後定謀雖愛物之切而亦有燭理之智故雖可逝欺之而自

無陷罔之患矣。蓋孔門諸子無徒問者。若問是事則必欲爲是事。若宰我之問是也。其意蓋欲捨生以求仁。非夫子爲之救藥。則必將爲燒身禱大旱。割肉飼餓虎之事。此在宰我實切問也。

徵宰我井仁之問。慮孔子陷於禍。而以微言諷之也。古註新註。其義甚淺無味。宰我之智。豈不知之。宰我稱能言之士。豈如此乎。仁者暗指孔子也。井有仁焉。不必改作人。古註以井有仁焉之仁。解爲仁人。與仁者相犯。不可從矣。又曰。問有仁人墮井。將自投下。從而出之。不乎。是改也。作乎失於牽强。不可從矣。井有仁焉。假設之言。蓋言險難之中。有可爲仁之事也。宰我意孔子仁心之切。雖或人告之而曰。險難之中。有可爲仁之事。亦必將從之矣。孔子知宰我微意所在。故承之以君子。若使宰我明言其事。則孔子必承之以丘也。若使宰我泛問仁人。則孔子亦當承之以仁人。今宰我問以仁者。而孔子答以君子。故知宰我諷孔子也。可逝也不可陷也者。據井有仁言之。可欺也不可罔也者。言其所以然之故也。孟子曰。故君子可欺以其方。難罔以非其道。蓋朱註所本。蓋罔者。誑之使其迷惑也。君子不逆詐。故可欺也。有所守。故不可罔也。言此以安宰我之心也。大氐後人以宰我有短喪晝寢之失。故視之甚卑。遂不深味其言耳。果使其說之是乎。作論語者。當刪前數句。止曰君子可欺也不可罔也。

子曰君子博學於文約之以禮亦可以弗畔矣夫

【古】鄭玄曰弗畔不違道

【新】約要也畔背也君子學欲其博故於文無不考守欲其要故其動必以禮如此則可以不背於道矣○程子曰博學於文而不約之以禮必至於汗漫博學矣又能守禮而由於規矩則亦可以不畔道矣

【古義】文者先王之遺文道之所在非平生見聞之類故言博學也約束也博文以知而言約禮以行而言畔背也此孔門學問之定法也蓋博學於文則識達古今而事有所稽約之以禮則身由規矩

而動有所遵皆以有所取法故可以弗背道矣夫世之譚道者自以爲至言而實不免爲詖淫邪遁之流自以爲妙道而實不免有捕風捉影之病者皆無博文約禮之工而徒師己心也故聖人教人以博文約禮爲學問之定法若夫今之所謂博學者皆雜家者流之學而非聖門所謂博學者也蓋博學一本故愈博愈達雜學二本故愈岐愈紊學者審諸論曰三代聖人屢以中爲言而至於吾夫子則特以禮爲教觀此及克己復禮章可見矣蓋中有泛然難據之患而禮有秩然可執之則故在三代聖人則言中可矣教學者則非禮不可也

徵文者詩書禮樂也先王之道大矣非博學之則不能知之也約之者納諸身也欲約先王之道而納之其身則非禮不能故曰以禮或疑文爲詩書禮樂則禮已在文中矣故或以文書解之殊不知

禮與其奢八佾篇
五禮周禮大宗伯
據於德述而篇
六德周禮大司徒
泛愛衆學而篇
佛肸畔陽貨篇

詩書禮樂皆載於策。孔子而前無有也。蓋博學詩書禮樂。而約之身特在禮。禮卽詩書禮樂之禮。非有二也。它如禮與其奢也寧儉。喪與其易也寧戚。喪亦吉凶軍賓嘉之一。據於德。依於仁。仁亦六德之一。泛愛衆而親仁。仁亦衆中之一人。古言率如是。後人必欲判然相對。皆不知古言之失也。舊註約訓要。以學文爲考索。淺哉。且昧乎字義者矣。畔叛同。如佛肸以中牟畔之畔。言或學之不博。或不約於禮。其弊皆必至畔於先王之道而從邪說也。蓋孔子時。雖無諸子百家。亦有其漸已。仁齋先生

樂正四術禮記王制

曰三代聖人屢以中爲言而至於吾夫子則特以禮爲教殊不知樂正崇四術立四教順先王詩書禮樂以造士是孔子以前已然且中自中禮自禮豈可混乎彼惑宋儒之說而以爲中與禮一理安哉

子見南子子路不說夫子矢之曰予所否者天厭之天厭之

古 孔安國曰舊以南子者衛靈公夫人淫亂而靈公惑之孔子見之者欲因以說靈公使行治道矢誓也子路不說故夫子誓之行道既非婦人之事而弟子不說與之呪誓義可疑焉

新 南子衛靈公之夫人有淫行孔子至衛南子請見孔子辭謝不得已而見之蓋古者仕於其國有

見其小君之禮而子路以夫子見此淫亂之人爲辱故不悅矣誓也所誓辭也如云所不與崔慶者之類否謂不合於禮不由其道也厭棄絕也聖人道大德全無可不可其見惡人固謂在我有可見之禮則彼之不善我何與焉然此豈子路所能測哉故重言以誓之欲其姑信此而深思以得之也

古義 南子衛靈公夫人有淫行孔子至衛南子請見子路以夫子見此淫亂之人爲辱故不悅矣誓也否不通謂不由於道也厭絕也言我見南子若所不合於道者則天厭棄之以子路氣粗見褊其言難入故與之矢言欲姑信此而思得之也按史記孔子至衛靈公夫人南子使人謂孔子曰四方之君子不辱欲與寡君爲兄弟者必見寡小君蓋南子請見亦其善意而非徒請者故夫子見之夫雖惡人有悔非改過之心則在我無不可見之理若以其嘗爲惡而卒拒絕焉則是道自我絕者而非仁者之本心也聖人道大德宏猶天地包涵萬物自無所遺何於南子而拒之乎哉門人記之者蓋欲要求聖人之道者當知聖人之心也

傳曰禮記檀弓

徵子見南子。子路不說。孔子矢之。其義不傳。自孔安國時。既已疑之。朱子援禮爲斷。甚善。仁齋乃曰。雖惡人有悔非改過之心。則在我無不可見之理殊不知段使有悔過改非之心。而在我無可見之禮。則不可見之矣。傳曰。先王制禮。不敢不至焉。此一事。其於今可見者止是矣。按蒯聵以南子故而失靈公之心。以奔。出公乃嗣位。衞於是乎亂。子路事出公。而不悅孔子所爲。豈孔子之見南子。在出公之時。而南子如呂后邪。孔子見之。蒯聵出公父子之際。或惱乎。方是時。衞亂而臣下相疑。子路之不悅豈慮蒯聵之叐國邪。則孔子矢之。不亦宜乎。豈翅以安子路哉。亦將取信於國人也。誓之道皆然。不爾。使其在靈公時。孔子能化南子。亦不過一婦人。亦佛化韋提希耳。是何益也。雖然。此事當時高第弟子如子路者。猶尚不能知孔子之心。何況千載之下乎。仁齋削朱子援禮之解而妄爾云云。可醜。後世又有訓矢爲陳者。是諱誓而曲爲之解。已。觀孔子之答。其爲誓者審矣。

訓矢爲陳皇疏蔡謨及知新日錄袁了凡說

子曰：中庸之爲德也，其至矣乎！民鮮久矣。

古 庸常也。中和可常行之德。世亂。先王之道廢。民鮮能行此道久矣。非適今

新 中者無過不及之名也庸平常也至極也鮮少也言民少此德今已久矣○程子曰不偏之謂中不易之謂庸中者天下之正道庸者天下之定理自世教衰民不興於行少有此德久矣

古義 中庸之德謂無過不及而平常可行之道也至極也三代聖人所謂中者不過處事得當之意至夫子加庸字則爲不駭耳目不拂時俗萬世不易之常道其意夐別中庸之德天下至難也世之論道者或以高爲至或以難爲極然高者可以氣而至難者可以力而能皆有所倚而然唯中庸之德平易從容不可以氣而至不可以力而能此民之所以鮮能也蓋唐虞三代之盛民朴俗淳無所矯揉而莫不自合於道父父子子兄兄弟弟夫夫婦婦自無詭行異術相接於耳目之間者所謂中庸之德也至于後世則求道於遠求事於難愈騖愈遠欲補反破故曰民鮮久矣故夫子特建中庸之道以爲斯民之極論語之書所以爲最上至極宇宙第一之書者實以此也

徵 中庸者樂德也。周禮樂六德。孝友祗庸中和。古

周禮大司樂

舜用其中中庸

賢者俯而就之已見

書以六言者皆兩兩相對孝友一類祇庸一類中和一類祇謂用之鬼神故敬之庸用也謂用之民乃可常用者故有平常之義康誥有庸庸祇祇可見祇庸相對已就六德取二者而曰中庸亦必古言仁齋先生以爲孔子所創蓋非也中有二義人受天地之中以生謂不偏也舜用其中於民謂無過不及也朱子解本此不偏與無過不及在古歸於一義段如王都在中東西南北道途均而易可至是不偏有易行之義如賢者俯而就之不肖企而及之是無過不及亦有易行之義故合不偏無

過不及二義。皆謂不甚高而易行也。故中庸二字。乃謂人人可常用易行。而非甚高難及之德行也。如世所謂其才不及中庸。及中庸之主。可以見已。至於朱註所言。亦極其精者。非無是理。然精之又精。以究其極。則有貴精賤粗之失。而不自覺其畔中庸者矣。如庸爲不易。亦唯贊之云爾。有何不可。若以不易求庸。則大失字義焉。究其所以謬之由。則本於子思之書。以此形老莊之奇僻。然子思亦以德行言之。言由中庸之德行。可以馴致仁聖之德。是登高自卑之意。祇後人睹其以形老莊之奇僻。遂以中庸爲道。動以命聖人之道耳。豈不謬乎。
聖人之道。更有廣大焉者。有精微焉者。有高明焉
者。故以中庸爲道者非也。然孔子以此爲德之至
者。蓋先王之道。治天下之道也。天下之大。賢知常鮮。
而愚不肖常衆。故非不甚高而易行之事。則無如
愚不肖何矣。故唯中庸之德。而天下可得而一之。
是其所以爲至也。君子由中庸以馴致仁聖之德
小人則唯由之而已矣。故此特以民言之。所以民
鮮久矣者。禮樂教廢而風俗壞故也。鮮謂鮮其人
也。子思書作鮮能。仁齋先生從之。易大傳曰。君子

易繫辭

之道鮮矣。可見古言自殊也。何必中庸爲是。仁齋先生又以爲民不能久守。故爲德之至者。果其言之是乎。中庸之爲至德。乃爲其難行也。豈不謬乎。

子貢曰如有博施於民而能濟衆何如可謂仁乎子曰何事於仁必也聖乎堯舜其猶病諸夫仁者己欲立而立人己欲達而達人能近取譬可謂仁之方也已

古孔安國曰君能廣施恩惠濟民於患難堯舜至聖猶病其難孔安國曰更爲子貢說仁者之行方道也但能近取譬於己皆恕己所欲而施之於人

新博廣也仁以理言通乎上下聖以地言則造其極之名也乎者疑而未定之辭病心有所不足也

言此何止於仁必也聖人能之乎則雖堯舜之聖其心猶有所不足於此也以是求仁愈難而愈遠矣以己及人仁者之心也於此觀之可以見天理之周流而無間矣狀仁之體莫切於此譬喻也方術也近取諸身以己所欲譬之他人知其所欲亦猶是也然後推其所欲以及於人則恕之事而仁之術也於此勉焉則有以勝其人欲之私而全其天理之公矣○程子曰醫書以手足痿痺爲不仁此言最善名狀仁者以天地萬物爲一體莫非己也認得爲己何所不至若不屬己自與己不相干如手足之不仁氣已不貫皆不屬己故博施濟衆乃聖人之功用仁至難言故止曰己欲立而立人己欲達而達人能近取譬可謂仁之方也已欲令如是觀仁可以得仁之體又曰論語言堯舜其猶病諸者二夫博施者豈非聖人之所欲然必五十乃衣帛七十乃食肉聖人之心非不欲少者亦衣帛食肉也顧其養有所不贍爾此病其施之不博也濟衆者豈非聖人之所欲然治不過九州聖人非不欲四海之外亦兼濟也顧其治有所不及爾此病其濟之不衆也推此以求修己以安百姓則

爲病可知苟以吾治已足則便不是聖人呂氏曰子貢有志於仁徒事高遠未知其方孔子教以於己取之庶近而可入是乃爲仁之方雖博施濟衆亦由此進

古義博廣也事與此通言此何止於仁必聖人在位者而後能之乎然雖堯舜之聖其心猶有病其難也譬喻也方術也言仁者視人猶己己欲立而先立人己欲達而先達人故求仁者能近取諸身而以己所欲譬之他人則他人之所欲亦猶己之所欲情志相通慈愛及物無有間隔求仁之術莫近於此慈愛之心無所不至之謂仁至誠之德無所不達之謂聖蓋聖大而化之謂而仁者聖中之大德也故子貢曰仁且智夫子既聖中庸曰誠者非自成己而已也所以成物也成己仁也成物知也夫仁者己欲立而先立人己欲達而先達人若欲俟己之既立既達而後立人達人則卒無立人達人之日何則己之情願未易遽遂而施人之方隨力所及非舍己而徇人也子貢徒見仁之大而不識其實故以在上聖人之事當之而不察在己今日之所切所以夫子以能近取譬告之求仁之

方可謂明且盡矣

孔子又曰述而篇

孟子萬章篇

徵朱子曰。仁以理言。通乎上下。聖以地言。則造其極之名也。此昧乎字義。下文明曰。仁者。孔子又曰。若聖與仁。則吾豈敢。可見仁爲仁人。聖爲聖人。聖人作者。有聰明睿知之德。豈仁人之所能及哉。故開國之君。如堯舜禹湯文武。是爲聖人。繼世之君及臣。雖有至德。不得稱聖人。故孔子以仁誨人也。所以稱孔子爲聖人者。其德與業。可以比諸作者之聖也。夫仁人可學而能焉。如聖人聰明睿知之德。稟諸天。豈可學乎。自孟子以伯夷柳下惠爲聖人。而後遂失其義焉。宋儒之學專主天理人欲，其意以人欲淨盡天理流行爲仁，又以造極處爲聖人。則仁聖無別，故以仁爲通乎上下，可謂窘已。

論語徵集覽卷之十六 終